DAS GLÜCKLICHE LEBEN

TUSCULUM STUDIENAUSGABEN

Herausgeber:
Niklas Holzberg, Rainer Nickel, Karl-Wilhelm Weeber
Bernhard Zimmermann

LUCIUS A. SENECA

**DAS GLÜCKLICHE LEBEN
DE VITA BEATA**

Lateinisch – deutsch

Herausgegeben und übersetzt von Rainer Nickel

AKADEMIE VERLAG

Bibliografische Information der Deutschen Nationalbibliothek
Die Deutsche Nationalbibliothek verzeichnet
diese Publikation in der Deutschen Nationalbibliografie;
detaillierte bibliografische Daten sind im Internet über
http://dnb.d-nb.de abrufbar.

Neuausgabe 2012
© Akademie Verlag GmbH, Berlin 2012
Ein Wissenschaftsverlag der Oldenbourg Gruppe

www.akademie-verlag.de

Das Werk einschließlich aller Abbildungen ist
urheberrechtlich geschützt. Jede Verwertung außerhalb der Grenzen
des Urheberrechtsgesetzes ist ohne Zustimmung des Verlages
unzulässig und strafbar. Das gilt insbesondere für Vervielfältigungen,
Übersetzungen, Mikroverfilmungen und die Einspeicherung
und Bearbeitung in elektronischen Systemen.

Einbandgestaltung: Gabriele Burde, Berlin
Satz: Fotosatz Moers, Viersen
Druck und Bindung: Offizin Andersen Nexö Leipzig
Dieses Papier ist alterungsbeständig nach DIN/ISO 9706.

ISBN 978-3-05-005931-0

INHALT

DAS GLÜCKLICHE LEBEN · DE VITA BEATA   **7**

Anhang   **85**

Einführung   **87**
Biographische Notiz   **87**
De vita beata und der Widerspruch zwischen Leben und Lehre   **88**
Ein glückliches Leben als individuelle Leistung   **90**
Ideal und Wirklichkeit   **91**

Akzente   **91**
1. Epikureischer Stoizismus   **91**
2. Glückliches Leben als naturgemäßes Leben im Sinne einer den Geist und den Körper umfassenden individuellen Natur des Menschen   **92**
3. Rechtfertigung von Eigentum als Material für tugendhaftes Handeln und als Trainingsmöglichkeit zur Bewältigung von Verlustangst durch Verlustgewissheit   **94**
4. Weisheit und Torheit   **95**
5. Über die Notwendigkeit der Selbstkritik   **96**

Erläuterungen   **99**
Textgrundlage   **102**
Literaturhinweise   **103**

DE VITA BEATA

LUCIUS A. SENECA
DE VITA BEATA

I   (1) Vivere, Gallio frater, omnes beate volunt. Sed ad pervidendum, quid sit, quod beatam vitam efficiat, caligant. Adeoque non est facile consequi beatam vitam, ut eo quisque ab ea longius recedat, quo ad illam concitatius fertur, si via lapsus est. Quae ubi in contrarium ducit, ipsa velocitas maioris intervalli causa fit.

Proponendum est itaque primum, quid sit quod adpetamus. Tunc circumspiciendum, qua contendere illo celerrime possimus, intellecturi in ipso itinere. Si modo rectum erit, quantum cotidie profligetur quantoque propius ab eo simus, ad quod nos cupiditas naturalis inpellit.

(2) Quam diu quidem passim vagamur non ducem secuti, sed fremitum et clamorem dissonum in diversa vocantium, conteretur vita inter errores, brevis, etiam si dies noctesque bonae menti laboremus. Decernatur itaque, et quo tendamus et qua, non sine perito aliquo, cui explorata sint ea, in quae procedimus, quoniam quidem non eadem hic, quae in ceteris peregrinationibus condicio est: In illis comprensus aliquis limes et interrogati incolae non patiuntur errare; at hic tritissima quaeque via et celeberrima maxime decipit.

LUCIUS A. SENECA

DAS GLÜCKLICHE LEBEN

1 (1) Alle Menschen, mein lieber Bruder Gallio,[1] wollen glücklich sein. Aber für das, was das Leben glücklich macht, haben sie keinen klaren Blick. Und es ist so schwierig, ein glückliches Leben zu verwirklichen, dass man sich umso weiter von ihm entfernt, je aufgeregter man es zu erreichen versucht, wenn man einmal vom richtigen Weg abgekommen ist. Sobald einen dieser in die richtige Richtung lenkt, führt ausgerechnet die ungeduldige Eile dazu, dass man immer weiter vom Ziel abkommt.

Wir müssen uns deshalb zuerst vor Augen führen, was eigentlich unser Ziel ist, das wir erreichen wollen. Dann müssen wir uns fragen, wie wir möglichst schnell dorthin kommen können. Wenn wir auf dem richtigen Weg sind, werden wir unterwegs schon von selbst erkennen, wie viel wir jeden Tag schaffen und wie weit wir noch vom Ziel unseres natürlichen Verlangens entfernt sind.

(2) Solange wir aber ziellos umherschweifen, ohne einem Führer zu folgen, sondern nur dem Lärm und dem misstönenden Geschrei von Leuten, die uns in alle möglichen Richtungen rufen, verrinnt unser doch so kurzes Leben von einem Irrweg bis zum anderen, auch wenn wir uns Tag und Nacht um die richtige Einstellung bemühen. Deshalb sollten wir entscheiden, wohin und wie wir weitergehen wollen, aber nicht ohne irgendeinen sachverständigen Helfer, der über alles, was wir vorhaben, Bescheid weiß, weil hier doch wohl nicht dieselben Bedingungen wie auf anderen Reisen herrschen: Auf diesen lassen uns der eingeschlagenen Weg

(3) Nihil ergo magis praestandum est, quam ne pecorum ritu sequamur antecedentium gregem, pergentes non quo eundum est, sed quo itur. Atqui nulla res nos maioribus malis inplicat, quam quod ad rumorem componimur, optima rati ea, quae magno adsensu recepta sunt, quodque exempla nobis multa sunt nec ad rationem, sed ad similitudinem vivimus.

(4) Inde ista tanta coacervatio aliorum super alios ruentium. Quod in strage hominum magna evenit, cum ipse se populus premit – nemo ita cadit, ut non et alium in se adtrahat, primique exitio sequentibus sunt –, hoc in omni vita accidere videas licet: Nemo sibi tantummodo errat, sed alieni erroris et causa et auctor est. Nocet enim adplicari antecedentibus et, dum unusquisque mavult credere quam iudicare, numquam de vita iudicatur, semper creditur, versatque nos et praecipitat traditus per manus error. Alienis perimus exemplis. Sanabimur, si separemur modo a coetu. (5) Nunc vero stat contra rationem defensor mali sui populus. Itaque id evenit, quod in comitiis, in quibus eos factos esse praetores idem, qui fecere, mirantur, cum se mobilis favor circumegit: Eadem probamus, eadem reprehendimus; hic exitus est omnis iudicii, in quo secundum plures datur.

und die Ortskundigen, wenn wir sie fragen können, nicht in die Irre gehen; hier aber täuscht uns ausgerechnet der besonders ausgetretene und bekannte Weg ganz empfindlich.

(3) Auf nichts sollten wir also mehr achten als darauf, dass wir nicht wie die Schafe hinter der Herde herlaufen und nicht dorthin gehen, wohin man gehen müsste, sondern wohin man gerade geht. Und doch verwickelt uns nichts in größeres Unheil, als wenn wir uns nach der öffentlichen Meinung richten und es für das Beste halten, was unter allgemeiner Zustimmung für richtig gehalten wird, und als wenn wir viele Vorbilder haben und nicht vernunftgesteuert, sondern angepasst leben.

(4) Daher kommt es zu einem großen Durcheinander und einer allgemeinen Orientierungslosigkeit. Was in einer großen Menschenmenge passiert, wenn die Leute sich gegenseitig vorwärts drängen – keiner fällt einfach hin, ohne zugleich einen anderen mitzureißen, und die Vordersten werden den Nachfolgenden zum Verhängnis –, das geht bekanntlich auch im Leben jedes Einzelnen vor sich: Niemand irrt nur für sich allein, sondern ist zugleich Verursacher und Auslöser fremden Fehlverhaltens. Es bringt also wirklich Schaden, wenn man sich an Vorausgehende hält, und während jeder Einzelne lieber glauben als selbst entscheiden will, trifft man auch nie eine echte Entscheidung über sein Leben, sondern glaubt immer nur, was andere sagen; und der sich fortzeugende Irrglaube treibt uns weiter und stürzt uns in den Abgrund.

Fremde Vorbilder bringen uns Unglück. Wir werden erst gesund, wenn wir zur Masse Abstand halten. (5) Jetzt stellt sich die große Masse aber wirklich gegen die Vernunft und verteidigt ihre eigenen Fehler. Deshalb passiert dasselbe wie bei den Wahlen. Wenn die unberechenbare Volksgunst umgeschlagen ist, wundern sich dieselben Leute darüber, dass genau diejenigen Prätoren[2] geworden sind, die sie doch selbst gerade gewählt haben: Dasselbe heißen wir gut und lehnen es dann wiederum ab; das ist das Ergebnis jeder Entscheidung, bei der man sich nach der Mehrheit richtet.

2 (1) Cum de beata vita agetur, non est, quod mihi illud discessionum more respondeas: „Haec pars maior esse videtur." Ideo enim peior est. Non tam bene cum rebus humanis agitur, ut meliora pluribus placeant: Argumentum pessimi turba est.

(2) Quaeramus ergo, quid optimum factu sit, non quid usitatissimum, et quid nos in possessione felicitatis aeternae constituat, non quid vulgo, veritatis pessimo interpreti, probatum sit. Vulgum autem tam chlamydatos quam coronatos voco; non enim colorem vestium, quibus praetexta sunt corpora, aspicio. Oculis de homine non credo, habeo melius et certius lumen, quo a falsis vera diiudicem: Animi bonum animus inveniat.

Hic, si umquam respirare illi et recedere in se vacaverit – o quam sibi ipse verum tortus a se fatebitur ac dicet: (3) „Quidquid feci adhuc infectum esse mallem. Quidquid dixi, cum recogito, mutis invideo. Quidquid optavi, inimicorum execrationem puto. Quidquid timui, di boni, quanto levius fuit, quam quod concupii! Cum multis inimicitias gessi et in gratiam ex odio, si modo ulla inter malos gratia est, redii: Mihi ipsi nondum amicus sum. Omnem operam dedi, ut me multitudini educerem et aliqua dote notabilem facerem. Quid aliud quam telis me opposui et malevolentiae, quod morderet, ostendi? (4) Vides istos, qui eloquentiam laudant, qui opes sequuntur, qui gratiae adulantur, qui potentiam extollunt? Omnes aut sunt hostes aut, quod in aequo est, esse possunt: Quam magnus mirantium, tam magnus invidentium populus est. Quin potius quaero aliquod usu bonum, quod sentiam, non quod

2 (1) Wenn es um ein glückliches Leben gehen wird, ist es nicht möglich, dass du mir wie beim Hammelsprung-Verfahren erklärst: „Das scheint mir die größere Gruppe zu sein." Denn gerade deshalb ist sie die schlechtere Gruppe. So gut steht es mit den menschlichen Dingen nicht, dass das Bessere der Mehrheit gefällt: Den Beweis für das Schlechteste liefert die Masse.

(2) Wir wollen uns also fragen, was unser Handeln besonders gut werden lässt, nicht was am meisten akzeptiert wird, und was uns ein dauerhaftes Glück verschafft, nicht was dem gemeinen Volk gefällt, das die Wahrheit am wenigsten begreift. Als gemeines Volk bezeichne ich aber Leute in prächtigen Gewändern und mit Kränzen auf dem Kopf; vor Augen habe ich nämlich nicht die Farbe ihrer Kleider, mit denen ihre Körper umhüllt sind. Meinen Augen traue ich nicht, wenn es um einen Menschen geht. Ich habe ein besseres und zuverlässigeres Organ, mit dem ich wahr und falsch unterscheiden kann: Die Seele möge das Gute an einer Seele entdecken.

Wenn es ihr jemals möglich ist, sich auszuruhen und sich in sich selbst zurückzuziehen – wie sehr wird sie sich dann selbst quälen, um schließlich die Wahrheit zuzugeben und zu erklären: (3) „Alles, was ich bis jetzt getan habe, würde ich lieber ungeschehen machen. Wenn ich meine Worte bedenke, die ich jemals gesagt habe, beneide ich die Stummen. Alles, was ich mir jemals gewünscht habe, halte ich für Flüche gegen meine Feinde. Wie viel harmloser war alles, was ich gefürchtet habe, mein Gott, im Vergleich zu meinen Begierden! Mit vielen war ich verfeindet, habe den Hass überwunden und mich wieder mit ihnen versöhnt, wenn überhaupt unter schlechten Menschen Versöhnung möglich ist: Mit mir selbst habe ich mich aber noch nicht versöhnt. Ich habe mir alle Mühe gegeben, mich von der Masse abzuheben und mich durch irgendeine Leistung auszuzeichnen. Habe ich mich nicht nur zur Zielscheibe gemacht und der Böswilligkeit gezeigt, wo sie mich beißen kann? (4) Siehst du die Leute da, die meine rhetorischen Fähigkeiten loben,

ostendam? Ista, quae spectantur, ad quae consistitur, quae alter alteri stupens monstrat, foris nitent, introrsus misera sunt."

3 (1) Quaeramus aliquod non in speciem bonum, sed solidum et aequale et a secretiore parte formosius; hoc eruamus. Nec longe positum est: Invenietur; scire tantum opus est, quo manum porrigas. Nunc velut in tenebris vicina transimus, offensantes ea ipsa, quae desideramus.

(2) Sed ne te per circumitus traham, aliorum quidem opiniones praeteribo – nam et enumerare illas longum est et coarguere: nostram accipe! Nostram autem cum dico, non alligo me ad unum aliquem ex Stoicis proceribus: Est et mihi censendi ius. Itaque aliquem sequar, aliquem iubebo sententiam dividere. Fortasse et post omnes citatus nihil inprobabo ex iis, quae priores decreverint, et dicam: „Hoc amplius censeo".

(3) Interim, quod inter omnis Stoicos convenit, rerum naturae adsentior; ab illa non deerrare et ad illius legem exemplumque formari sapientia est.

Beata est ergo vita conveniens naturae suae, quae non aliter contingere potest, quam si primum sana

die hinter meinem Vermögen her sind, die sich bei mir anbiedern und die meinen Einfluss preisen? Alle sind sie entweder meine Feinde oder, was dasselbe ist, sie können es sein: Die Menge meiner Neider ist genauso groß wie die meiner Bewunderer. Warum suche ich nicht lieber nach einem wirklichen Gut, das ich in mir spüren kann und nicht zur Schau stellen muss? Die Dinge, die ins Auge fallen und bei denen man stehen bleibt, auf die der eine den anderen staunend hinweist, haben zwar äußerlichen Glanz, genau betrachtet sind sie aber erbärmlich."

3 (1) Wir wollen etwas suchen, das nicht nur danach aussieht, als wäre es gut, sondern das wirklich zuverlässig und gleichmäßig gut und auf seiner verborgenen Seite noch schöner ist; das wollen wir finden. Es ist aber gar nicht weit entfernt: Man wird es entdecken; man muss nur wissen, wohin man die Hand ausstreckt. Im Augenblick gehen wir wie im Dunkeln ganz nah daran vorbei, auch wenn wir immer wieder an den Gegenstand unserer Suche unmittelbar anstoßen.

(2) Aber um dich nicht auf Umwege zu führen, werde ich auf die Meinungen anderer nicht eingehen – denn es würde ebenso zu weit führen, sie aufzuzählen wie sie zu widerlegen: Hör dir unsere Meinung an! Wenn ich sie aber darstelle, dann beziehe ich mich nicht auf einen bestimmten prominenten Stoiker: Auch ich habe ein Recht auf ein selbstständiges Urteil. Deshalb werde ich dem einen folgen und den anderen auffordern, seine Meinung zu differenzieren. Vielleicht werde ich auch, wenn ich im Anschluss an alle anderen aufgerufen werde, den Auffassungen meiner Vorgänger nicht widersprechen und einfach nur erklären: „Ich füge hier meine eigene Meinung noch ergänzend hinzu."

(3) Vorerst halte ich mich an die „Natur der Dinge", worin sich alle Stoiker einig sind; von ihr nicht abzuweichen und sich nach ihrem Gesetz und Vorbild zu richten, bedeutet Weisheit.

Glücklich ist also ein Leben, das seinem eigentlichen Wesens entspricht,[3] uns aber nur gelingen kann, wenn der

mens est et in perpetua possessione sanitatis suae, deinde fortis ac vehemens, tunc pulcherrime patiens, apta temporibus, corporis sui pertinentiumque ad id curiosa non anxie, tum aliarum rerum, quae vitam instruunt diligens sine admiratione cuiusquam, usura fortunae muneribus, non servitura.

(4) Intellegis, etiam si non adiciam, sequi perpetuam tranquillitatem, libertatem, depulsis iis, quae aut irritant nos aut territant; nam voluptatibus et <doloribus spretis> pro illis, quae parva ac fragilia sunt et ipsis flagitiis noxia ingens gaudium subit, inconcussum et aequale, tum pax et concordia animi et magnitudo cum mansuetudine. Omnis enim ex infirmitate feritas est.

4 (1) Potest aliter quoque definiri bonum nostrum, id est eadem sententia non isdem comprendi verbis. Quemadmodum idem exercitus modo latius panditur modo in angustum coartatur et aut in cornua sinuata media parte curvatur aut recta fronte explicatur, vis illi, utcumque ordinatus est, eadem est et voluntas pro eisdem partibus standi: Ita finitio summi boni alias diffundi potest et exporrigi, alias colligi et in se cogi.

(2) Idem itaque erit, si dixero: „summum bonum est animus fortuita despiciens, virtute laetus" aut „invicta vis animi, perita rerum, placida in actu cum humanitate multa et conversantium cura". Licet et ita finire, ut beatum dicamus hominem eum, cui nullum bonum malumque sit nisi bonus malusque animus,

Geist gesund ist und seine Gesundheit dauerhaft behält, wenn er stark und zupackend und dann auch auf schönste Weise empfindsam ist und allen Situationen gerecht wird, wenn er auf seinen Leib und auf alles, was mit diesem zu tun hat, achtet, dies aber ohne Angst, und wenn er dann alle anderen Dinge, die das Leben bereichern, im Auge behält, ohne jedoch irgendetwas besonders zu bevorzugen, und die Gaben des Schicksals (*fortuna*) bewusst zu gebrauchen, ohne sich ihnen zu unterwerfen.[4]

(4) Du verstehst, auch wenn ich es nicht eigens erwähne, dass aus der Freiheit ein dauerhafter innerer Friede hervorgeht, wenn erst einmal alles verdrängt ist, was uns entweder verführt oder verschreckt. Denn wenn Lust und Schmerz verachtet werden, tritt an die Stelle jener Gefühle, die unbedeutend und zerbrechlich sind und durch ihre bösen Auswirkungen Schaden bringen, eine unbeschreiblich große Freude, die unerschütterlich und gleichmäßig ist, weiterhin innerer Friede, Ausgeglichenheit und Seelengröße verbunden mit Menschlichkeit. Denn jede Art von Gewalttätigkeit beruht auf Schwäche.

4 (1) Man kann auch auf eine andere Weise bestimmen, was bei uns ein Gut ist, d.h. man kann dasselbe auch mit anderen Worten ausdrücken. Wie dasselbe Heer bald weiter ausschwärmt, bald dicht gedrängt marschiert und entweder vom Zentrum her zwei Flügel bildet oder in gerader Linie vorrückt, seine Stärke unabhängig von seiner Aufstellung und sein Wille, sich für dieselbe Seite einzusetzen, dieselbe bleibt: So kann man die Bestimmung des höchsten Gutes mal mit besonders vielen Worten und weit ausholend, mal kurz und knapp formulieren.

(2) Deshalb wird es dasselbe bedeuten, wenn ich sage: „Das höchste Gut ist eine Seele, die über das Schicksal erhaben ist und Freude hat an ihrer Tüchtigkeit" oder „die unbesiegbare Seelengröße, weltoffen, rücksichtsvoll und einfühlsam im Handeln verbunden mit großer Menschlichkeit und Zuwendung für alle Mitmenschen." Man kann es auch so

honesti cultorem, virtute contentum, quem nec extollant fortuita nec frangant, qui nullum maius bonum eo, quod sibi ipse dare potest, noverit, cui vera voluptas erit voluptatum contemptio.

(3) Licet, si evagari velis, idem in aliam atque aliam faciem salva et integra potestate transferre. Quid enim prohibet nos beatam vitam dicere liberum animum et erectum et interritum ac stabilem, extra metum, extra cupiditatem positum, cui unum bonum sit honestas, unum malum turpitudo, cetera vilis turba rerum nec detrahens quicquam beatae vitae nec adiciens, sine auctu ac detrimento summi boni veniens ac recedens?

(4) Hunc ita fundatum necesse est, velit nolit, sequatur hilaritas continua et laetitia alta atque ex alto veniens, ut qui suis gaudeat nec maiora domesticis cupiat. Quidni ista bene penset cum minutis et frivolis et non perseverantibus corpusculi motibus? Quo die infra voluptatem fuerit, et infra dolorem erit. Vides autem, quam malam et noxiosam servitutem serviturus sit, quem voluptates doloresque, incertissima dominia inpotentissimaque, alternis possidebunt: Ergo exeundum ad libertatem est.

(5) Hanc non alia res tribuit quam fortunae neglegentia: Tum illud orietur inaestimabile bonum: Quies mentis in tuto conlocatae et sublimitas expulsisque erroribus ex cognitione veri gaudium grande et inmotum comitasque et diffusio animi, quibus delectabitur non ut bonis, sed ut ex bono suo ortis.

bestimmen, dass wir den Menschen glücklich nennen, für den nichts gut oder schlecht ist außer einer guten oder einer schlechten Seele und der die Anständigkeit achtet, dessen Lebensinhalt die Tüchtigkeit ist, den die Fügungen des Schicksals weder überheblich werden lassen noch zerbrechen, der kein größeres Gut kennt als das, das er sich selbst schenken kann, und für den die wahre Lust die Verachtung der Lust bedeutet.

(3) Man kann, wenn man ausführlicher sein will, dasselbe in eine immer wieder andere Fassung bringen, solange seine Bedeutung unangetastet und unverändert bleibt. Was hindert uns denn daran, unter einem glücklichen Leben eine freie, aufrechte, unerschrockene und standhafte Seele zu verstehen, die unberührt von Furcht und Verlangen ist, für die es nur ein einziges Gut gibt: die Anständigkeit, und ein einziges Übel: die Schande, und für die die vielen anderen Dinge wertlos sind, weil sie ein glückliches Leben weder schmälern noch erweitern und ohne Vermehrung und Verringerung des höchsten Gutes kommen und gehen?

(4) Wer so gefestigt ist, erlebt, ob er will oder nicht, eine fortwährende Heiterkeit und eine große von innen kommende Fröhlichkeit, sodass er an allem seine Freude hat, was ihm gehört, und nichts weiter verlangt. Warum sollte er dies nicht leicht gegen die unbedeutenden, armseligen und nicht lange wirksamen Freuden eines wertlosen Leibes aufwiegen können? In dem Augenblick, wo man der Lust nachgibt, wird man auch dem Schmerz ausgesetzt sein. Du siehst aber, welche schlimme und bedrückende Knechtschaft derjenige erleiden wird, den Lustgefühle und Schmerzen, die unsichersten und gewalttätigsten Herrscher, abwechselnd im Griff haben werden: Man muss sich also einen Weg in die Freiheit bahnen. (5) Zu dieser führt einzig und allein die Verachtung des Schicksals: Dann werden wir jenes unschätzbare Gut gewinnen: die Ruhe eines unangreifbar gefestigten und überlegenen Geistes und nach der Beseitigung aller Ängste eine großartige, unerschütterliche Freude, die aus der Erkenntnis der Wahrheit hervorgeht, und eine

5   (1) Quoniam liberaliter agere coepi, potest beatus dici, qui nec cupit nec timet beneficio rationis, quoniam et saxa timore et tristitia carent nec minus pecudes. Non ideo tamen quisquam felicia dixerit, quibus non est felicitatis intellectus.

(2) Eodem loco pone homines, quos in numerum pecorum et inanimalium redegit hebes natura et ignoratio sui. Nihil interest inter hos et illa, quoniam illis nulla ratio est, his prava et malo suo atque in perversum sollers. Beatus enim dici nemo potest extra veritatem proiectus.

(3) Beata ergo vita est in recto certoque iudicio stabilita et inmutabilis. Tunc enim pura mens est et soluta omnibus malis, quae non tantum lacerationes, sed etiam vellicationes effugerit, statura semper, ubi constitit, ac sedem suam etiam irata et infestante fortuna vindicatura.

(4) Nam quod ad voluptatem pertinet, licet circumfundatur undique et per omnes vias influat animumque blandimentis suis leniat aliaque ex aliis admoveat, quibus totos partesque nostri sollicitet: Quis mortalium, cui ullum superest hominis vestigium, per diem noctemque titillari velit et deserto animo corpori operam dare?

6   (1) „Sed animus quoque" inquit „voluptates habebit suas." Habeat sane sedeatque luxuriae et voluptatium arbiter; inpleat se eis omnibus, quae

Freundlichkeit und Heiterkeit der Seele, woran man seine Freude hat, aber nicht weil es sich um Güter handelt, die von außen kommen, sondern aus dem Inneren der Seele selbst.

5 (1) Da ich nun begonnen habe, frei und undogmatisch vorzugehen, kann man auch jemanden glücklich nennen, der mit Hilfe seiner Vernunft weder etwas begehrt noch fürchtet, da ja auch Steine ebenso wenig wie Tiere Angst und Traurigkeit kennen. Aber man würde darum nichts für glücklich erklären, was kein Gefühl für Glück hat.

(2) Dazu musst du auch Menschen rechnen, die sich durch ihr stumpfes Wesen und ihre fehlende Selbsterkenntnis auf dieselbe Stufe stellen wie das Vieh und die seelenlosen Gegenstände. Diese unterscheiden sich nicht von jenen, da diese ja überhaupt keine und jene nur eine verkehrte und zu ihrem eigenen Verderben führende Vernunft besitzen. Glücklich kann man nämlich niemanden nennen, der jenseits der Wahrheit existiert.

(3) Glücklich ist also ein Leben, das durch eine richtige Entscheidung dauerhaft auf einem sicheren Grund ruht. Denn dann ist der Geist ungetrübt und von allen Übeln befreit, weil er sich nicht nur Verletzungen, sondern auch kleinen Angriffen entzieht und den Platz, den er eingenommen hat, für immer standhaft behaupten wird, auch wenn ihm das Schicksal zornig ist und ihn gefährlich bedroht.

(4) Denn was die Lust angeht, so mag sie sich ruhig überall um uns herum verbreiten und uns auf allen Wegen zuströmen und die Seele mit ihren Verlockungen nachgiebig machen und vielfältige Mittel anwenden, um uns vollständig oder teilweise zu erregen: Welcher Sterbliche, an dem auch nur die Spur eines Menschen noch vorhanden ist, will schon Tag und Nacht gekitzelt werden, seine Seele aufgeben und sich nur noch seinem Leib widmen?

6 (1) „Aber auch die Seele", erwidert jemand, „wird ihre Freuden haben." Sie kann sie ruhig haben und als Richterin über Verschwendungssucht und Vergnügungen entscheiden,

oblectare sensus solent, deinde praeterita respiciat et exoletarum voluptatium memor exultet prioribus futurisque iam immineat ac spes suas ordinet et, dum corpus in praesenti sagina iacet, cogitationes ad futura praemittat: Hoc mihi videbitur miserior, quoniam mala pro bonis legere dementia est. Nec sine sanitate quisquam beatus est nec sanus, cui obfutura pro optimis adpetuntur.

(2) Beatus ergo est iudicii rectus. Beatus est praesentibus qualiacumque sunt contentus amicusque rebus suis. Beatus est is, cui omnem habitum rerum suarum ratio commendat.

7   (1) Vident, et in iliis qui summum bonum dixerunt, quam turpi illud loco posuerint. Itaque negant posse voluptatem a virtute diduci et aiunt nec honeste quemquam vivere, ut non iucunde vivat, nec iucunde ut non honeste quoque.

Non video quomodo ista tam diversa in eandem copulam coiciantur. Quid est, oro vos, cur separari voluptas a virtute non possit? Videlicet, quia omne bonis ex virtute principium est, ex huius radicibus etiam ea, quae vos et amatis et expetitis, oriuntur? Sed si ista indiscreta essent, non videremus quaedam iucunda, sed inhonesta, quaedam uero honestissima, sed aspera, per dolores exigenda. (2) Adice nunc, quod voluptas etiam ad vitam turpissimam venit, at virtus malam vitam non admittit, et infelices quidam non sine voluptate, immo ob ipsam voluptatem sunt.

sie mag auch alles aufsaugen, was die Sinne gewöhnlich erfreut, ferner die Vergangenheit überblicken und sich im Bewusstsein früherer Lustgefühle an früheren Freuden hochziehen und schon mit kommenden rechnen, und sie mag auch ihre Hoffnungen in die richtigen Bahnen lenken und, während der Leib im Augenblick noch mit einem reichen Essen zu tun hat, sich in Gedanken aber schon mit dem nächsten beschäftigen: Auf diese Weise wird sie mir noch unglücklicher vorkommen, da es ja wahnsinnig ist, Schlechtes anstelle von Gutem zu wählen. Denn ohne vernünftiges Denken ist niemand glücklich, und schon gar nicht gesund ist derjenige, der statt des Besten das Schädliche anstrebt.

(2) Glücklich ist also, wer die richtige Entscheidung trifft. Glücklich ist, wer mit seinen Verhältnissen, mögen sie sein wie sie wollen, zufrieden ist und zurechtkommt. Glücklich ist, wem die Vernunft nahe legt, seine Situation vollständig anzunehmen.

7 (1) Auch diejenigen, die behauptet haben, dass hierin das höchste Gut bestehe,[5] sehen, an was für einer schäbigen Stelle sie es platziert haben. Darum bestreiten sie, dass die Lust von der Tugend zu trennen sei, und bestehen darauf, dass niemand moralisch einwandfrei lebe, der nicht angenehm lebe, noch angenehm, der nicht zugleich auch moralisch einwandfrei lebe.

Ich sehe nicht, wie man diese so verschiedenen Dinge eng miteinander verbinden kann. Warum, ich bitte euch, kann man denn die Lust nicht von der Tugend trennen? Weil alles Gute aus der Tugend hervorgeht und natürlich auch aus ihren Wurzeln alles entsteht, was ihr liebt und erstrebt? Doch wenn dies nicht voneinander getrennt wäre, würden wir nicht sehen, was angenehm, aber unmoralisch ist, während manches dagegen sehr moralisch, aber anstrengend und nur unter Schmerzen zu verwirklichen ist. (2) Nimm noch dazu, dass Lust auch mit einem äußerst unmoralischen Leben vereinbar ist, die Tugend aber ein unmoralisches

Quod non eveniret, si virtuti se voluptas inmiscuisset, qua virtus saepe caret, numquam indiget.

(3) Quid dissimilia, immo diversa componitis? Altum quiddam est virtus, excelsum et regale, invictum, infatigabile: voluptas humile servile, inbecillum caducum, cuius statio ac domicilium fornices et popinae sunt. Virtutem in templo convenies, in foro, in curia, pro muris stantem, pulverulentam, coloratam, callosas habentem manus. Voluptatem latitantem saepius ac tenebras captantem circa balinea ac sudatoria ac loca aedilem metuentia, mollem enervem, mero atque unguento madentem, pallidam aut fucatam et medicamentis pollinctam.

(4) Summum bonum inmortale est, nescit exire, nec satietatem habet nec paenitentiam: Numquam enim recta mens vertitur nec sibi odio est nec quicquam mutavit a vita optima. At voluptas tunc, cum maxime delectat, extinguitur. Non multum loci habet. Itaque cito inplet et taedio est et post primum impetum marcet. Nec id umquam certum est, cuius in motu natura est: Ita ne potest quidem ulla eius esse substantia, quod venit transitque celerrime in ipso usu sui periturum. Eo enim pertendit, ubi desinat, et dum incipit, spectat ad finem.

8 (1) Quid, quod tam bonis quam malis voluptas inest nec minus turpes dedecus suum quam honestos

Leben nicht zulässt und dass manche unglücklich sind, nicht weil sie ohne Lust sind, sondern weil sie sich vielmehr der Lust hingeben. Das würde nicht passieren, wenn eine enge Verbindung zwischen Tugend und Lust bestehen würde, auf die die Tugend oft verzichtet, ohne sie jemals zu entbehren.

(3) Warum verbindet ihr, was ungleich, ja sogar völlig verschieden ist? Die Tugend ist etwas ganz Hohes, Erhabenes und Königliches, das unbesiegbar und unermüdlich tätig ist: die Lust ist etwas Niedriges, Sklavisches, Schwaches, Anfälliges, das sich in Bordellen und Kneipen aufhält und herumtreibt. Die Tugend wirst du im Tempel antreffen, auf dem Forum und im Rathaus; sie steht draußen vor den Mauern, staubbedeckt, braungebrannt und mit Schwielen an den Händen. Wie man sehen kann, wirkt die Lust meistens im Verborgenen, sucht die Dunkelheit in den Bädern und Schwitzräumen und die Orte, die mit der Polizei nichts zu tun haben wollen. Sie zeigt sich schlaff und kraftlos, triefend von Wein und Körperöl, blass oder stark geschminkt und wie eine Leiche mit irgendwelchen Essenzen hergerichtet.

(4) Das höchste Gut ist unvergänglich, es kann sich nicht entfernen, es kennt keinen Überdruss und keine Reue: Denn niemals verlässt ein gesunder Geist seinen Platz, erlebt weder Selbsthass noch hat er jemals etwas aus einem sehr guten Leben entfernt. Die Lust aber vergeht, wenn sie ihren Höhepunkt erreicht. Sie hat keinen großen Spielraum. Daher wird sie rasch befriedigt und führt zu Überdruss und verwelkt nach anfänglicher Leidenschaft. Denn nie ist irgendetwas verlässlich, das von Natur aus in Bewegung ist: So kann auch nur substanzlos sein, was sehr schnell kommt und wieder geht, weil es schon bei seiner Verwirklichung seiner Vernichtung ausgesetzt ist. Denn es will den Punkt erreichen, wo es aufhört zu sein, und während es anfängt, hat es bereits sein Ende im Blick.

8 (1) Was ist der Grund dafür, dass man bei guten wie bei bösen Taten Lust empfindet und den Verbrechern ihr

egregia delectant? Ideoque praeceperunt veteres optimam sequi vitam, non iucundissimam, ut rectae ac bonae voluntatis non dux, sed comes sit voluptas. Natura enim duce utendum est: Hanc ratio observat, hanc consulit. (2) Idem est ergo beate vivere et secundum naturam. Hoc quid sit, iam aperiam: Si corporis dotes et apta naturae conservaverimus diligenter et inpavide, tamquam in diem data et fugacia, si non subierimus eorum servitutem nec nos aliena possederint, si corpori grata et adventicia eo nobis loco fuerint, quo sunt in castris auxilia et armaturae leves – serviant ista, non imperent –, ita demum utilia sunt menti.

(3) Incorruptus vir sit externis et insuperabilis miratorque tantum sui, „fidens animo atque in utrumque paratus", artifex vitae; fiducia eius non sine scientia sit, scientia non sine constantia: Maneant illi semel placita nec ulla in decretis eius litura sit. Intellegitur, etiam si non adiecero, compositum ordinatumque fore talem virum et in iis, quae aget, cum comitate magnificum.

(4) Ratio vero sensibus inritata et capiens inde principia – nec enim habet aliud, unde conetur aut unde ad verum impetum capiat – in se revertatur.

Nam mundus quoque cuncta complectens rectorque universi deus in exteriora quidem tendit, sed

schändliches Handeln nicht weniger Freude bereitet als den anständigen Menschen ihre hervorragenden Taten? Deshalb empfahlen die Philosophen früherer Zeiten, das beste und nicht das angenehmste Leben anzustreben, damit die Lust nicht das Motiv, sondern allenfalls die Begleiterscheinung einer guten und richtigen Entscheidung sei. Man muss sich nämlich von der Natur leiten lassen: Sie ist Wegweiser und Ratgeber der Vernunft. (2) Glücklich und naturgemäß zu leben, ist also dasselbe. Was dies bedeutet, werde ich jetzt darlegen: Wenn wir unsere körperlichen Fähigkeiten und die Gaben der Natur sorgfältig, aber nicht ängstlich bewahren, wie etwas, das uns nur befristet verliehen wurde und jederzeit wieder vergeht, wenn wir uns nicht von diesen Gaben abhängig machen und wir es schaffen, dass uns nichts Fremdes beherrscht, und wenn unsere körperlichen Annehmlichkeiten und Gaben bei uns dieselbe Bedeutung haben wie im Heer die Hilfstruppen und die Leichtbewaffneten – diese sollen gehorchen und nicht befehlen –, dann erst sind alle diese Dinge nützliche Hilfsmittel des Geistes.

(3) Ein Mann soll sich nicht durch Äußerlichkeiten verführen und überwältigen lassen und nur seine Selbstachtung bewahren, „Selbstvertrauen haben und auf beides vorbereitet sein";[6] sein Leben soll er selbst gestalten; seine Zuversicht soll aber nicht ohne Wissen sein, sein Wissen nicht ohne Beharrlichkeit: Was er einmal beschlossen hat, soll Bestand haben, und bei seinen Entscheidungen soll es keine Abstriche geben. Es versteht sich von selbst, auch wenn ich es nicht eigens hinzufüge, dass ein solcher Mann fest auf seinen Beinen steht und in allem, was er tut, freundlich und großzügig ist.

(4) Die Vernunft aber soll sich von den Sinneswahrnehmungen anregen lassen und von ihnen ausgehen – denn sie hat nichts anderes, wo sie ansetzen oder von wo aus sie die Wahrheit erfassen kann –, sich dann aber wieder auf sich selbst besinnen.

Denn auch die Welt, die alles umfasst, und Gott, der Lenker des Universums, haben zwar die Tendenz, sich aus-

tamen introsum undique in se redit. Idem nostra mens faciat: Cum secuta sensus suos per illos se ad externa porrexerit, et illorum et sui potens sit.

(5) Hoc modo una efficietur vis ac potestas concors sibi et ratio illa certa nascetur, non dissidens nec haesitans in opinionibus comprensionibusque nec in persuasione. Quae, cum se disposuit et partibus suis consensit et, ut ita dicam, concinuit, summum bonum tetigit. (6) Nihil enim pravi, nihil lubrici superest, nihil in quo arietet aut labet; omnia faciet ex imperio suo nihilque inopinatum accidet, sed quidquid agetur in bonum exibit facile et parate et sine tergiversatione agentis; nam pigritia et haesitatio pugnam et inconstantiam ostendit. Quare audaciter licet profitearis: summum bonum esse animi concordiam.

Virtutes enim ibi esse debebunt, ubi consensus atque unitas erit: Dissident vitia.

9   (1) „Sed tu quoque" inquit „virtutem non ob aliud colis, quam quia aliquam ex illa speras voluptatem. " Primum non, si voluptatem praestatura virtus est, ideo propter hanc petitur; non enim hanc praestat, sed et hanc, nec huic laborat, sed labor eius, quamvis aliud petat, hoc quoque adsequetur. (2) Sicut in arvo, quod segeti proscissum est, aliqui flores internascuntur, non tamen huic herbulae, quamvis delectet oculos, tantum operis insumptum est – aliud fuit serenti propositum, hoc supervenit –, sic voluptas non est merces nec causa virtutis, sed

zudehnen, kehren aber dennoch von überall her nach innen und zu sich selbst zurück. Dasselbe soll unser Geist tun: Wenn er seinen Wahrnehmungen gefolgt ist und sich mit ihrer Hilfe den äußeren Dingen zugewandt hat, dann sollte er die Macht über diese und über sich selbst behalten.

(5) Auf diese Weise wird man eine einheitliche und in sich ruhende Kraft und Überlegenheit erzeugen, und es wird jenes berechenbare Bewusstsein entstehen, das mit sich selbst eins ist und sich weder in seinen Meinungen und Annahmen noch in seiner Überzeugung verunsichern lässt. Wenn es seinen Platz gefunden hat, in jeder Hinsicht widerspruchsfrei und sich sozusagen im Einklang mit sich selbst befindet, dann hat es seine Vollkommenheit erreicht. (6) Denn dann bleibt nichts Falsches, nichts Unzuverlässiges übrig, nichts, woran es sich stoßen oder zu Fall kommen könnte; alles wird es aus eigener Verantwortung tun, und es wird nichts Unberechenbares geschehen, sondern alles, was getan wird, wird gut verlaufen: leicht, reibungslos und ohne inneren Widerstand des Handelnden; denn Trägheit und Unschlüssigkeit sind Zeichen von Kampf und mangelnder Stabilität. Darum darf man mutig bekennen: das höchste Gut ist die seelische Harmonie.

Denn die Tugenden werden ohne Frage dort wirksam sein, wo Übereinstimmung und Widerspruchsfreiheit gegeben sind: Fehlhandlungen passen nicht zueinander.

9 (1) „Aber selbst du", heißt es, „hältst die Tugend nur aus dem Grund in Ehren, weil du erwartest, dass sie dir Freude bringt." Erstens: Wenn die Tugend Freude bringen sollte, dann wird sie doch nicht dadurch motiviert; denn nicht als solche verschafft sie uns Freude; sie verschafft uns zwar auch Freude, aber sie bemüht sich nicht darum, auch wenn ihre Verwirklichung gewöhnlich Lust mit sich bringt, obwohl sie auf etwas anderes zielt. (2) Auf einem Feld, das für die Aussaat gepflügt wurde, wachsen auch manchmal Blumen mit, aber man würde für dieses Pflänzchen nicht eigens so viel Arbeit aufwenden, auch wenn es doch die Augen

accessio, nec quia delectat, placet, sed si placet, et delectat.

(3) Summum bonum in ipso iudicio est et habitu optimae mentis. Quae cum suum inplevit et finibus se suis cinxit, consummatum est summum bonum nec quicquam amplius desiderat. Nihil enim extra totum est, non magis quam ultra finem. (4) Itaque erras, cum interrogas, quid sit illud, propter quod virtutem petam; quaeris enim aliquid supra summum. Interrogas, quid petam ex virtute? Ipsam. Nihil enim habet melius, ipsa pretium sui. An hoc parum magnum est? Cum tibi dicam: „Summum bonum est infragilis animi rigor et providentia et sublimitas et sanitas et libertas et concordia et decor", aliquid etiamnunc exigis maius, ad quod ista referantur? Quid mihi voluptatem nominas? Hominis bonum quaero, non ventris, qui pecudibus ac beluis laxior est.

(1) „Dissimulas" inquit „quid a me dicatur. Ego enim nego quemquam posse iucunde vivere, nisi simul et honeste vivit. Quod non potest mutis contingere animalibus nec bonum suum cibo metientibus. Clare, inquam, ac palam testor hanc vitam, quam ego iucundam voco, non nisi adiecta virtute contingere."

(2) Atqui quis ignorat plenissimos esse voluptatibus vestris stultissimos quosque et nequitiam

erfreut – der Sämann hatte ein anderes Ziel, dieses kam von selbst dazu. Genauso ist auch die Lust weder der Lohn noch das Motiv für die Tugend. Sie ist vielmehr eine Zugabe und findet nicht deshalb Anerkennung, weil sie Lust bereitet; aber wenn sie Anerkennung findet, bereitet sie auch Lust.

(3) Das höchste Gut hängt nicht von einem fremden Urteil ab. Es besteht im Bewusstsein einer vollkommenen Seele. Wenn diese ihr Wesen verwirklicht und ihre Bestimmung gefunden hat, dann ist das höchste Gut vollendet und sie verlangt darüber hinaus nichts mehr. Denn es gibt nichts außerhalb des Vollkommenen, genauso wie es jenseits der letzten Grenze nichts weiter gibt. (4) Daher gehst du den falschen Weg, wenn du fragst, warum ich nach der Tugend strebe; denn du suchst etwas, das höher ist als das Höchste. Du fragst, was ich mir von der Tugend verspreche? Sie selbst. Sie besitzt nämlich nichts Besseres, sie ist ihr eigener Lohn. Ist das etwa nicht groß genug? Wenn ich dir sage: „Das höchste Gut ist die Stärke einer unzerbrechlichen Seele, ihre Weitsicht, ihre Überlegenheit, ihre Gesundheit, ihre Unabhängigkeit, ihre innere Stimmigkeit, ihre Schönheit", verlangst du darüber hinaus noch mehr, worauf sich diese Eigenschaften beziehen sollen? Warum nennst du mir die Lust? Ich suche doch nach dem höchsten Gut des Menschen und nicht des Bauches, der beim Vieh und den wilden Tieren viel größer ist.

10 (1) „Du nimmst nicht zur Kenntnis, was ich meine", heißt es. „Ich bestreite nämlich, dass jemand ein angenehmes Leben haben kann, wenn er nicht zugleich auch ein moralisches Leben führt. Das stumme Vieh ist dazu nicht in der Lage, und ebenso wenig sind es alle anderen, für die ein gutes Leben darin besteht, dass sie genug zu essen haben. Ich erkläre frei und offen, sage ich, dass dieses Leben, das ich als angenehm bezeichne, nur in Verbindung mit der Tugend gelingt."

(2) Doch wer weiß nicht, dass gerade die größten Dummköpfe am stärksten von euren Lustgefühlen erfüllt

abundare iucundis animumque ipsum genera voluptatis prava et multa suggerere? In primis insolentiam et nimiam aestimationem sui tumoremque elatum super ceteros et amorem rerum suarum caecum et inprovidum et ex minimis ac puerilibus causis exultationem, iam dicacitatem ac superbiam contumeliis gaudentem, desidiam dissolutionemque segnis animi, deliciis fluentis, indormientis sibi. (3) Haec omnia virtus discutit et aurem pervellit et voluptates aestimat, antequam admittat; nec si quas probavit, magni pendit: Caute utique enim admittit nec usu earum, sed temperantia laeta est. Temperantia autem, cum voluptates minuat, summi boni iniuria est: Tu voluptatem complecteris, ego compesco; tu voluptate frueris, ego utor; tu illam summum bonum putas, ego nec bonum; tu omnia voluptatis causa facis, ego nihil.

11 (1) Cum dico me nihil voluptatis causa facere, de illo loquor sapiente, cui soli concedimus voluptatem. Non voco autem sapientem, supra quem quicquam est, nedum voluptas. Atqui ab hac occupatus quomodo resistet labori et periculo, egestati et tot humanam vitam circumstrepentibus minis? Quomodo conspectum mortis, quomodo dolores feret, quomodo mundi fragores et tantum acerrimorum hostium, a tam molli adversario victus? „Quidquid voluptas suaserit, faciet." Age, non vides quam multa suasura sit? (2) „Nihil" inquit „poterit turpiter suadere, quia adiuncta virtuti est." Non vides iterum, quale sit summum bonum, cui custode opus est, ut

sind, die Nichtsnutzigkeit von angenehmen Gefühlen überquillt und die Seele selbst viele abartige Formen der Lust hervorbringt? Vor allem Unbeherrschtheit, überhöhte Selbsteinschätzung, außerordentliche Überheblichkeit anderen gegenüber, blinde und gedankenlose Eigenliebe, übertriebene Vergnügungslust, überschwängliche Freude aus unbedeutenden und kindischen Gründen, schließlich noch Schwatzhaftigkeit und Hochmut, der seine Freude daran hat, andere Menschen zu beleidigen, schließlich Trägheit, Gleichgültigkeit und Kraftlosigkeit einer Seele, die sich in Lustbarkeiten verliert und schlaff vor sich hin dämmert. (3) Das alles verscheucht die Tugend, zieht dich an den Ohren und prüft die Möglichkeiten des Lustgewinns, bevor sie sie zulässt; aber auch wenn sie einige akzeptiert, bewertet sie sie nicht besonders hoch: Denn auf jeden Fall lässt sie sie nur unter Vorbehalt zu und hat keine Freude an ihnen selbst, sondern nur, wenn sie sie beherrscht. Da aber ihre Beherrschung die Möglichkeiten des Lustgewinns verringert, ist das für dich eine Schmälerung des höchsten Gutes: Du heißt die Lust willkommen, ich halte sie nieder; du genießt die Lust, ich beherrsche sie; du hältst sie für das höchste Gut, ich bestreite, dass sie ein Gut ist; du tust alles, um Lust zu gewinnen, ich nichts.

11 (1) Wenn ich sage, dass ich nichts tue, um Lust zu gewinnen, distanziere ich mich zugleich von jenem weisen Mann, dem du als einzigem die Fähigkeit zugestehst, Lust zu empfinden.[7] Ich aber nenne niemanden einen Weisen, der von irgendetwas beherrscht wird, und am wenigsten von der Lust. Wenn er jedoch von ihr beherrscht wird, wie kann er dann der Anstrengung, der Gefahr, der Not und so vielen anderen Bedrohungen Stand halten, die das menschliche Leben lärmend umrauschen? Wie wird er dem Anblick des Todes, wie den Schmerzen standhalten, wie den Erschütterungen der Welt und einer so großen Menge härtester Feinde, wenn er einem so weichen Gegner unterliegt? „Er wird alles tut, was die Lust ihm schmackhaft macht." Mag

bonum sit? Virtus autem quomodo voluptatem reget, quam sequitur, cum sequi parentis sit, regere imperantis? A tergo ponis, quod imperat. Egregium autem habet virtus apud vos officium: Voluptates praegustare!

(3) Sed videbimus, an, apud quos tam contumeliose tractata virtus est, adhuc virtus sit, quae habere nomen suum non potest, si loco cessit. Interim – de quo agitur – multos ostendam voluptatibus obsessos, in quos fortuna omnia munera sua effudit, quos fatearis necesse est malos.

(4) Aspice Nomentanum et Apicium, terrarum ac maris, ut isti vocant, bona conquirentes et super mensam recognoscentes omnium gentium animalia! Vide hos eosdem e suggestu rosae despectantes popinam suam, aures vocum sono, spectaculis oculos, saporibus palatum suum delectantes! Mollibus lenibusque fomentis totum lacessitur eorum corpus et, ne nares interim cessent, odoribus variis inficitur locus ipse, in quo luxuriae parentatur. Hos esse in voluptatibus dices, nec tamen illis bene erit, quia non bono gaudent.

12 (1) „Male" inquit „illis erit, quia multa intervenient, quae perturbent animum et opiniones inter se

sein. Aber siehst du nicht, was sie ihm denn eigentlich schmackhaft machen will? (2) „Was Schande bringt, wird sie ihm überhaupt nicht schmackhaft machen können", erwidert Epikur, „weil sie doch mit der Tugend verbunden ist." Siehst du schon wieder nicht, dass das höchste Gut in Wirklichkeit einen Wächter braucht, um ein Gut zu sein? Wie kann denn die Tugend die Lust lenken, wenn sie ihr folgt, da doch folgen gehorchen bedeutet und lenken herrschen? Was herrscht, stellst du an die zweite Stelle. Die Tugend hat bei euch ja wirklich eine großartige Aufgabe: Sie darf die Möglichkeiten des Lustgewinns vorher probieren!

(3) Aber wir werden sehen, ob die Tugend bei denen, die sie so erniedrigen, überhaupt noch Tugend ist; sie kann ihren Namen nicht behalten, wenn sie ihren Platz verlassen hat. Inzwischen will ich – denn darum geht es ja – auf die vielen Menschen hinweisen, die von den zahlreichen Möglichkeiten des Lustgewinns besessen sind und die das Schicksal mit allen seinen Geschenken übergossen hat und bei denen du aber zugeben musst, dass es schlechte Menschen sind.

(4) Sieh dir nur Nomentanus[8] und Apicius[9] an, wie sie die Schätze der Länder und des Meeres – so heißt es – zusammensuchen und auf ihrem Esstisch Tiere aus der ganzen Welt versammeln! Schau dir diese Leute an, wie sie auf ihrem Rosenbett liegen und ihre Speisen begutachten, ihre Ohren mit Liederklang, ihre Augen mit Theaterszenen und ihren Gaumen mit Delikatessen erfreuen! Mit angenehm warmen und weichen Umschlägen bringt man ihren ganzen Körper in Wallung, und damit ihre Nasen inzwischen nicht abstumpfen, verpestet man den Raum, in dem sie sich ihrer abartigen Genusssucht hingeben, mit verschiedenartigen Gerüchen. Du wirst behaupten, dass diese Leute ganz in der Lust leben, doch es wird ihnen nicht gut gehen, weil sie sich nicht an einem echten Gut erfreuen.

12 (1) „Es wird ihnen", sagt man, „schlecht gehen, weil vieles passieren wird, was die Seele durcheinander bringt,

contrariae mentem inquietabunt." Quod ita esse concedo; sed nihilominus illi ipsi stulti et inaequales et sub ictu paenitentiae positi magnas percipient voluptates, ut fatendum sit tam longe tum illos ab omni molestia abesse quam a bona mente et – quod plerisque contingit – hilarem insaniam insanire ac per risum furere.

(2) At contra sapientium remissae voluptates et modestae ac paene languidae sunt compressaeque et vix notabiles, ut quae neque accersitae veniant nec, quamvis per se accesserint, in honore sint neque ullo gaudio percipientium exceptae. Miscent enim illas et interponunt vitae ut ludum iocumque inter seria.

(3) Desinant ergo inconvenientia iungere et virtuti voluptatem inplicare! Per quod vitium pessimis quibusque adulantur. Ille effusus in voluptates, ructabundus semper atque ebrius, quia scit se cum voluptate vivere, credit et cum virtute. Audit enim voluptatem separari a virtute non posse. Deinde vitiis suis sapientiam inscribit et abscondenda profitetur. (4) Itaque non ab Epicuro inpulsi luxuriantur, sed vitiis dediti luxuriam suam in philosophiae sinu abscondunt et eo concurrunt, ubi audiant laudari voluptatem. Nec aestimant, voluptas illa Epicuri – ita enim mehercules sentio – quam sobria ac sicca sit, sed ad nomen ipsum advolant quaerentes libidinibus suis patrocinium aliquod ac velamentum. (5) Itaque, quod unum habebant in malis, bonum perdunt, peccandi verecundiam. Laudant enim ea, quibus erubescebant, et vitio gloriantur; ideoque ne resurgere quidem adulescentiae licet, cum honestus turpi desidiae titulus accessit. Hoc est, cur ista voluptatis

und weil viele widersprüchliche Meinungen den Geist in Unruhe versetzen werden." Dass das so ist, kann ich bestätigen; dennoch haben diese Verrückten und unsicher wankenden und von heftiger Reue gepackten Gestalten große Lustgefühle; folglich muss man zugeben, dass sie in dieser Lage genauso weit von unangenehmen Empfindungen entfernt sind wie von vernünftigem Denken und dass sie – und das trifft auf die meisten zu – von heiterem Wahnsinn befallen sind und ihren Verstand unter irrem Lachen verlieren.

(2) Die Lustgefühle der Weisen jedoch sind im Gegensatz dazu nur mäßig stark, bescheiden, fast nicht mehr vorhanden und kaum spür- und bemerkbar, da sie weder auf Wunsch einfach kommen noch, wenn sie auch unwillkürlich entstehen, besonders beachtet und von den Betroffenen als Vergnügen empfunden werden. Denn die Weisen ordnen die Gefühle in ihr Leben ein, wie man Spiel und Scherz mit Ernsthaftigkeit verbindet.

(3) Man soll also lieber nicht Unvereinbares verbinden und Lust mit Tugend in Berührung bringen! Denn mit diesem Fehler biedert man sich ausgerechnet bei den übelsten Typen an. Wer vollständig in seinen Lustgefühlen aufgeht, ununterbrochen rülpst und betrunken ist, glaubt, weil er weiß, dass er mit der Lust lebt, er lebe auch mit der Tugend zusammen. Er hört ja ständig, die Lust sei von der Tugend nicht zu trennen. Darauf tut er so, als sei sein Fehlverhalten ein Zeichen von Weisheit und gibt offen Dinge zu, über die man nicht sprechen sollte. (4) Deshalb führen solche Leute ihr Lotterleben beileibe auch nicht in der Nachfolge Epikurs; weil sie ihren Fehlern hilflos ausgeliefert sind, verbergen sie ihre Sittenlosigkeit unter dem Deckmantel der Philosophie und versammeln sich dort, wo die Lust gepriesen wird. Sie können auch nicht beurteilen, wie nüchtern und trocken Epikurs vielbeschworene Lust ist – mein Gott, so empfinde ich es jedenfalls –, sondern kommen herbeigerannt, schon wenn sie den Namen hören, und suchen einen Schutzraum und einen Deckmantel für ihre Lustgefühle.

laudatio perniciosa sit, quia honesta praecepta intra latent; quod corrumpit, apparet.

13 (1) In ea quidem ipse sententia sum – invitis hoc nostris popularibus dicam – sancta Epicurum et recta praecipere et, si propius accesseris, tristia. Voluptas enim illa ad parvum et exile revocatur et, quam nos virtuti legem dicimus, eam ille dicit voluptati. Iubet illam parere naturae; parum est autem luxuriae, quod naturae satis est. (2) Quid ergo est? Ille, quisquis desidiosum otium et gulae ac libidinis vices felicitatem vocat, bonum malae rei quaerit auctorem et, dum illo venit blando nomine inductus, sequitur voluptatem, non quam audit, sed quam attulit. Et vitia sua cum coepit putare similia praeceptis, indulget illis non timide nec obscure, luxuriatur etiam inde aperto capite.

Itaque non dicam, quod plerique nostrorum, sectam Epicuri flagitiorum magistram esse, sed illud dico: Male audit, infamis est. (3) „At inmerito." Hoc scire qui potest nisi interius admissus? Frons eius ipsa dat locum fabulae et ad malam spem inritat. Hoc tale est, quale vir fortis stolam indutus: constat tibi pudicitia, virilitas salva est, nulli corpus tuum turpi

(5) Deshalb verlieren sie das einzige Gut, das sie unter all dem Übel noch besaßen, die Scham über das Fehlverhalten: Denn sie loben alles, worüber sie früher gewöhnlich erröteten, und sind noch stolz auf ihre Abartigkeit; und darum ist es gerade jungen Menschen nicht mehr möglich, sich aus dem Sumpf herauszuarbeiten, wenn das tatenlose Lotterleben einen ehrenvollen Namen bekommt. Das ist auch der Grund dafür, dass dieses Preisen der Lust so schlimm ist, weil die moralischen Regeln im Dunkeln bleiben und alles, was Zerstörung anrichtet, zutage tritt.

13 (1) Ich selbst bin allerdings der Ansicht – und hier stimmen mir unsere stoischen Freunde wohl nicht zu –, dass Epikur unantastbare und richtige Regeln aufstellt, die, wenn man genauer hinsieht, mit Lust nichts zu tun haben. Denn Epikurs Lust beschränkt sich auf ganz wenige und kleine Bereiche, und was wir zu einer Voraussetzung der Tugend erklären, ist für ihn auch die Voraussetzung der Lust: Er weist sie an, der Natur zu gehorchen; aber was der Natur reicht, ist viel zu wenig für ein Luxusleben. (2) Was also bedeutet das? Wer das träge Nichtstun und das ständige Hin und Her zwischen Genusssucht und Lüsternheit als Glück bezeichnet, sucht für ein übles Tun ein anständiges Vorbild, und sobald er sich auf einen anerkannten Namen berufen kann, lässt er sich von der Lust leiten, doch nicht von der Lust, von der er hört, sondern von der, die er mitgebracht hat. Und wenn er begonnen hat anzunehmen, seine Fehler würden den Regeln weitgehend entsprechen, gibt er ihnen nicht mehr ängstlich und heimlich nach, sondern lebt von nun an sein Lotterleben in aller Öffentlichkeit.

Deshalb will ich nicht sagen, was die meisten unserer Leute[10] behaupten, nämlich dass die Schule Epikurs eine Anstalt sei, in der man nur schlimme Dinge lerne, sondern ich vertrete folgenden Standpunkt: Man hört Schlechtes über sie, d. h. sie hat einen schlechten Ruf. (3) „Aber zu Unrecht."[11] Denn wer kann das überhaupt wissen, wenn er nicht dazugehört? Ihr Anblick als solcher löst das Gerede

patientiae vacat, sed in manu tympanum est. Titulus itaque honestus eligatur et inscriptio ipsa excitans animum! Quae stat, invenerunt vitia.

(4) Quisquis ad virtutem accessit, dedit generosae indolis specimen. Qui voluptatem sequitur, videtur enervis, fractus, degenerans viro, perventurus in turpia, nisi aliquis distinxerit illi voluptates, ut sciat, quae ex eis intra naturale desiderium resistant, quae praeceps ferantur infinitaeque sint et, quo magis inplentur, eo magis inexplebiles.

(5) Agedum, virtus antecedat; tutum erit omne vestigium. Et voluptas nocet nimia: In virtute non est verendum, ne quid nimium sit, quia in ipsa est modus; non est bonum, quod magnitudine laborat sua. Rationalem porro sortitis naturam quae melius res quam ratio proponitur? Et si placet ista iunctura, si hoc placet ad beatam vitam ire comitatu, virtus antecedat, comitetur voluptas et circa corpus ut umbra versetur: Virtutem quidem, excelsissimam dominam, voluptati tradere ancillam nihil magnum animo capientis est.

14 (1) Prima virtus eat, haec ferat signa: Habebimus nihilominus voluptatem, sed domini eius et temperatores erimus. Aliquid nos exorabit, nihil coget. At ei,

aus und weckt böse Erwartungen. Das ist genauso wie bei einem tapferen Mann in Frauenkleidern: Dein Schamgefühl wird nicht angetastet, deine männliche Haltung geht nicht verloren, dein Körper wird nicht zum Objekt schändlicher Lust, aber in deiner Hand hast du ein Tamburin.[12] Deshalb sollten sich die Epikureer ein ehrenvolles Etikett aussuchen und einen Leitspruch wählen, der die Seele unmittelbar anspricht! Auf den zurzeit noch gültigen sind die Menschen aufgrund ihres Fehlverhaltens gekommen.[13]

(4) Jeder, der sich der Tugend nähert, liefert einen Beweis seiner guten Veranlagung. Wer sich der Lust anschließt, ist offensichtlich kraftlos und zerbrochen, er hat seine Männlichkeit verloren und befindet sich auf dem Weg in die Schande, wenn ihm nicht jemand die unterschiedlichen Wirkungsweisen der Lust zeigt, damit er weiß, welche von ihnen natürlichen Bedürfnissen entsprechen und welche alles mit sich in den Abgrund reißen und keine Grenzen kennen und umso unstillbarer sind, je mehr sie befriedigt werden.

(5) Gut, dann möge die Tugend vorangehen; dann wird jeder Schritt sicher sein. Und übermäßige Lust schadet: Bei der Tugend braucht man nicht zu befürchten, dass man es damit übertreiben kann, weil in ihr von vornherein das Maß herrscht; es gibt kein Gut, das unter seiner Größe leidet. Was kann denjenigen, die sich für eine vernünftige Natur entschieden haben, außerdem bessere Orientierung bieten als die Vernunft? Und wenn diese Verbindung zusagt und wenn es gefällt, in dieser Begleitung einem glücklichen Leben entgegenzutreten, dann soll die Tugend vorangehen, die Lust die Begleitung sein und sich wie ein Schatten um den Körper drehen: Das Allerhöchste aber, nämlich die Tugend, der Lust als Dienerin überlassen, das tut nur jemand, der für Großes kein Verständnis hat.

14 (1) Die Tugend soll vorangehen und die Feldzeichen tragen: Wir werden trotzdem Lust empfinden, sie aber beherrschen und steuern. Um manches wird sie uns bitten, aber

qui voluptati tradidere principia, utroque caruere: Virtutem enim amittunt, ceterum non ipsi voluptatem, sed ipsos voluptas habet. Cuius aut inopia torquentur aut copia strangulantur. Miseri, si deseruntur ab illa, miseriores, si obruuntur, sicut deprensi mari Syrtico modo in sicco relinquuntur, modo torrente unda fluctuantur.

(2) Evenit autem hoc nimia intemperantia et amore caeco rei; nam mala pro bonis petenti periculosum est adsequi. Ut feras cum labore periculoque venamur et captarum quoque illarum sollicita possessio est – saepe enim laniant dominos –, ita habentes magnas voluptates in magnum malum evasere captaeque cepere. Quae quo plures maioresque sunt, eo ille minor ac plurium servus est quem felicem vulgus appellat.

(3) Permanere libet in hac etiamnunc huius rei imagine. Quemadmodum, qui bestiarum cubilia indagat et
    „laqueo captare feras"
magno aestimat et
    „latos canibus circumdare saltus",
ut illarum vestigia premat, potiora deserit multisque officiis renuntiat, ita, qui sectatur voluptatem, omnia postponit et primam libertatem neglegit ac pro ventre dependit; nec voluptates sibi emit, sed se voluptatibus vendit.

15   (1) „Quid tamen" inquit „prohibet in unum virtutem voluptatemque confundi et ita effici summum bonum, ut idem et honestum et iucundum sit?" Quia pars honesti non potest esse nisi honestum nec sum-

nichts erzwingen. Alle jedoch, die der Lust die Führung überlassen haben, haben keines von beidem: Denn sie verlieren die Tugend und besitzen darüber hinaus nicht die Lust, sondern die Lust besitzt sie. Entweder leiden sie darunter, wenn sie nicht da ist, oder sie ersticken an ihrer Fülle. Sie sind unglücklich, wenn sie von ihr verlassen werden, aber noch unglücklicher, wenn sie von ihr überschüttet werden, und sie gleichen denen, die im Syrtenmeer[14] gefangen sind und bald auf dem Trockenen liegen bleiben, bald von der brausenden Flut fortgespült werden.

(2) Das passiert aber bei allzu großer Maßlosigkeit und blinder Leidenschaft für eine Sache; denn für jemanden, der das Schlechte statt des Guten haben will, ist es gefährlich, es zu bekommen. Wie wir wilde Tiere unter Mühen und Gefahren jagen und ihr Besitz auch dann noch aufregend ist, wenn man sie gefangen hat – denn oft zerfleischen sie ihre Herren –, so haben schon diejenigen, die große Lustgefühle genossen, großes Leid erfahren, und die Lustgefühle griffen nach denjenigen, die nach ihnen gegriffen haben. Je intensiver und größer die Lustgefühle sind, desto kleiner und abhängiger ist derjenige, den die Masse glücklich nennt.

(3) Ich bleibe gern noch bei diesem Vergleich: Wie jemand, der die Verstecke wilder Tiere aufspürt und es sehr mag,
„wilde Tiere in einer Falle zu fangen" und
„mit Hunden weite Wälder zu umstellen",[15]
um ihren Spuren zu folgen, Wichtigeres nicht berücksichtigt und viele Pflichten vernachlässigt, so stellt einer, der der Lust nachjagt, alles andere hintan und vernachlässigt zuerst die Freiheit und opfert sie für seinen Bauch; doch er kauft sich nicht etwa die Lust, sondern er verkauft sich an die Lust.

15 (1) „Doch was ist dagegen einzuwenden", so kann man fragen, „Tugend und Lust zu verbinden und auf diese Weise das höchste Gut zu verwirklichen, sodass moralisch und angenehm sich nicht unterscheiden?" Weil nur das Morali-

mum bonum habebit sinceritatem suam, si aliquid in se viderit dissimile meliori.

(2) Ne gaudium quidem, quod ex virtute oritur, quamvis bonum sit, absoluti tamen boni pars est, non magis quam laetitia et tranquillitas, quamvis ex pulcherrimis causis nascantur. Sunt enim ista bona, sed consequentia summum bonum, non consummantia.

(3) Qui vero virtutis voluptatisque societatem facit – et ne ex aequo quidem –, fragilitate alterius boni, quidquid in altero vigoris est, hebetat libertatemque illam, ita demum, si nihil se pretiosius novit invictam, sub iugum mittit. Nam – quae maxima servitus est – incipit illi opus esse fortuna. Sequitur vita anxia, suspiciosa, trepida, casum pavens, temporum suspensa momentis.

(4) Non das virtuti fundamentum grave, inmobile, sed iubes illam in loco volubili stare. Quid autem tam volubile est quam fortuitorum expectatio et corporis rerumque corpus adficientium varietas? Quomodo hic potest deo parere et, quidquid evenit, bono animo excipere nec de fato queri casuum suorum benignus interpres, si ad voluptatum dolorumque punctiunculas concutitur? Sed ne patriae quidem bonus tutor aut vindex est nec amicorum propugnator, si ad voluptates vergit.

(5) Illo ergo summum bonum escendat, unde nulla vi detrahitur, quo neque dolori neque spei nec timori sit aditus nec ulli rei, quae deterius summi boni ius faciat. Escendere autem illo sola virtus potest. Illius gradu clivus iste frangendus est. Illa

sche ein Teil des Moralischen sein kann und das höchste Gut seine Reinheit nicht behalten wird, wenn es an sich etwas feststellt, das dem besseren Teil nicht gleich ist.

(2) Nicht einmal die Freude, die aus der Tugend hervorgeht, ist ein Teil des höchsten Guten, obwohl sie doch etwas Gutes ist, was ebenso für Fröhlichkeit und Seelenruhe gilt, auch wenn sie die schönsten Ursachen haben. Denn solche Befindlichkeiten sind zwar gut, aber sie folgen nur aus dem höchsten Gut, sie bedingen es nicht.

(3) Wer aber Tugend und Lust verbindet – und nicht einmal zu gleichen Teilen –, schwächt aufgrund der Zerbrechlichkeit des einen Gutes die ganze Kraft des anderen und schickt die Freiheit, die erst dann unbesiegbar ist, wenn sie nichts Wertvolleres kennt als sich selbst, unter das Joch.[16] Denn – was größte Knechtschaft bedeutet – die Freiheit beginnt, vom Schicksal abhängig zu werden. Die Folge ist ein Leben in ständiger Sorge, Misstrauen, Unruhe, Angst vor Schicksalsschlägen und in Ungewissheit vor dem, was passieren wird.

(4) Du verschaffst der Tugend kein würdiges und festes Fundament, sondern lässt sie auf einem unsicheren Boden stehen. Was aber ist so unsicher wie die Erwartung zufälliger Ereignisse, die Veränderung unseres körperlichen Zustands und aller Vorgänge, die den Körper betreffen? Wie kann man unter diesen Bedingungen Gott gehorsam sein und alles, was passiert, frohen Mutes annehmen, nicht über das Schicksal klagen und auch in seinen Niederlagen stets das Gute sehen, wenn man selbst bei den kleinsten lustvollen oder schmerzhaften Nadelstichen zusammenbricht? Derjenige aber, der sich von der Lust bestimmen lässt, kann nicht einmal sein Vaterland zuverlässig bewachen oder beschützen oder für seine Freunde kämpfen.

(5) Das höchste Gut soll also dorthin gelangen, von wo es durch keine Macht herabgezogen werden kann, wo weder Schmerz noch Hoffnung noch Furcht noch irgendeine andere Gewalt, die die Stellung des höchsten Gutes beeinträchtigt, Zugang haben. Dorthin kann aber nur die Tugend

fortiter stabit et, quidquid evenerit, feret non patiens tantum, sed etiam volens, omnemque temporum difficultatem sciet legem esse naturae et, ut bonus miles feret vulnera, numerabit cicatrices, et transverberatus telis moriens amabit eum, pro quo cadet, imperatorem. Habebit illud in animo vetus praeceptum: Deum sequere.

(6) Quisquis autem queritur et plorat et gemit, imperata facere vi cogitur et invitus rapitur ad iussa nihilominus. Quae autem dementia est potius trahi quam sequi! Tam, me mehercules, quam stultitia et ignoratio condicionis est suae dolere, quod deest aliquid tibi aut incidit durius, aeque mirari aut indigne ferre ea, quae tam bonis accidunt quam malis, morbos dico, funera, debilitates et cetera ex transverso in vitam humanam incurrentia. (7) Quidquid ex universi constitutione patiendum est, magno suscipiatur animo: Ad hoc sacramentum adacti sumus, ferre mortalia nec perturbari iis, quae vitare non est nostrae potestatis. In regno nati sumus: Deo parere libertas est.

16 (1) Ergo in virtute posita est vera felicitas. Quid haec tibi virtus suadebit? Ne quid aut bonum aut malum existimes, quod nec virtute nec malitia continget. Deinde ut sis inmobilis et contra malum <et> ex bono, ut, qua fas est, deum effingas. (2) Quid tibi pro hac expeditione promittit? Ingentia et aequa divinis: Nihil cogeris, nullo indigebis. Liber eris, tutus, indemnis. Nihil frustra temptabis, nihil prohibeberis. Omnia tibi ex sententia cedent, nihil

gelangen. Nur auf ihrer Spur ist dieser Aufstieg zu bewältigen. Sie wird tapfer standhalten und alles, was passiert, nicht nur geduldig, sondern auch bereitwillig ertragen und wissen, dass jede schwierige Situation naturbedingt ist; und wie ein guter Soldat seine Verwundungen erträgt, wird sie ihre Narben zählen, und von Schüssen durchbohrt wird sie sterbend noch den Feldherrn lieben, für den sie fallen wird. Sie wird jenen alten Befehl im Herzen bewahren: Folge Gott!

(6) Jeder aber, der jammert, klagt und stöhnt, wird mit Gewalt gezwungen, Befehle auszuführen, und auf jeden Fall auch gegen seinen Willen dazu gebracht, seinen Auftrag zu erfüllen. Was ist es aber für ein Wahnsinn, sich lieber schleppen zu lassen statt zu folgen! Genauso ist es ein Zeichen von Dummheit und Unkenntnis der eigenen Lage, beim Herkules, wenn du leidest, weil dir etwas fehlt oder etwas Schlimmeres passiert, und ebenfalls, wenn du dich wunderst oder ärgerst über Dinge, die Guten und Schlechten gleichermaßen zustoßen: zum Beispiel Krankheiten, Todesfälle, verschiedene Erscheinungsformen von Gebrechlichkeit und andere unvorhergesehene Ereignisse, die das menschliche Leben plötzlich überfallen. (7) Alles, was man aufgrund der Ordnung der Welt zu ertragen hat, möge man mit Großmut auf sich nehmen: Diesen Eid haben wir geschworen, alles Menschliche hinzunehmen und uns nicht durch Vorgänge verwirren zu lassen, die zu vermeiden nicht in unserer Macht liegt. In einem Königreich sind wir geboren: Gott zu gehorchen, bedeutet Freiheit.

16 (1) Demnach besteht das wahre Glück in der Tugend. Was wird dir diese Tugend raten? Dass du nichts für ein Gut oder ein Übel hältst, was nicht durch Tugend oder durch Schlechtigkeit bedingt ist. Dass du außerdem fest auf dem Boden gegen das Böse und für das Gute stehst und dir, soweit es mit göttlichem Recht vereinbar ist, Gott zum Vorbild nimmst. (2) Was verspricht sie Dir für diesen Einsatz? Etwas Großartiges und Gottähnliches: Du wirst zu nichts gezwungen werden und nichts entbehren. Du wirst frei,

adversum accidet, nihil contra opinionem ac voluntatem.

(3) „Quid ergo? Virtus ad beate vivendum sufficit?" Perfecta illa et divina. Quidni sufficiat, immo superfluat? Quid enim deesse potest extra desiderium omnium posito? Quid extrinsecus opus est ei, qui omnia sua in se collegit? Sed ei, qui ad virtutem tendit, etiam si multum processit, opus est aliqua fortunae indulgentia adhuc inter humana luctanti, dum nodum illum exsolvit et omne vinculum mortale. Quid ergo interest? Quod arte alligati sunt alii, adstricti, alii districti quoque: Hic, qui ad superiora progressus est et se altius extulit, laxam catenam trahit, nondum liber, iam tamen pro libero.

17 (1) Si quis itaque ex istis, qui philosophiam conlatrant, quod solent, dixerit: „Quare ergo tu fortius loqueris quam vivis? Quare et superiori verba summittis et pecuniam necessarium tibi instrumentum existimas et damno moveris et lacrimas audita coniugis aut amici morte demittis et respicis famam et malignis sermonibus tangeris? (2) Quare cultius rus tibi est quam naturalis usus desiderat? Cur non ad praescriptum tuum cenas? Cur tibi nitidior supellex est? Cur apud te vinum aetate tua vetustius bibitur? Cur aviarium disponitur? Cur arbores nihil praeter umbram daturae conseruntur? Quare uxor tua locupletis domus censum auribus gerit? Quare paedagogium pretiosa veste succingitur? Quare ars est apud te ministrare nec temere et ut libet conlocatur argen-

sicher, unbehelligt sein. Nichts wirst du vergeblich versuchen, an nichts wird man dich hindern. Alles wird nach deinem Willen gehen, kein Unglück wird dir zustoßen, nichts gegen deine Erwartung und deinen Willen.
(3) „Was heißt das also? Genügt denn die Tugend für ein glückliches Leben?" Sie ist doch vollkommen und göttlich. Warum sollte sie denn nicht genügen, ja sogar mehr als genügen? Denn was kann jemandem fehlen, der überhaupt kein Verlangen mehr hat? Was braucht einer noch von außen, der alles, was ihm gehört, in sich versammelt hat? Derjenige, der noch auf dem Weg zur Tugend ist, braucht, selbst wenn er schon große Fortschritte gemacht hat, jedoch ein Stück weit die Gnade des Schicksals, solange er noch mit menschlichen Schwächen ringt, bis er den Knoten gelöst und jede menschliche Beschränkung überwunden hat. Worin besteht nun der Unterschied? Dass manche eng angebunden sind, manche zusammengeschnürt, manche auch auf der Folterbank ausgestreckt liegen. Wer schon zu Höherem vorausgegangen ist und sich weiter nach oben gearbeitet hat, schleppt nur noch eine lockere Kette und ist noch nicht ganz, aber doch beinahe schon frei.

17 (1) Es könnte dann vielleicht einer von denen, die die Philosophie anbellen, das Übliche vorbringen wollen: „Warum sind denn deine Worte mutiger als deine Taten? Warum redest du einem Höhergestellten nach dem Mund, warum ist deiner Ansicht nach Geld für dich ein notwendiges Hilfsmittel, warum regst du dich über seinen Verlust auf, warum weinst du bei der Nachricht vom Tod deiner Frau oder deines Freundes, warum achtest du auf deinen Ruf und ärgerst dich über üble Nachrede? (2) Warum ist dein Landgut besser gepflegt, als es für seine natürliche Nutzung erforderlich ist? Warum nimmst du deine Mahlzeiten nicht so ein, wie du es selbst vorgeschrieben hast? Warum besitzt du besonders glänzendes Geschirr? Warum wird bei dir Wein getrunken, der älter ist als du selbst? Warum stellt man ein Vogelhaus bei dir auf? Warum werden bei dir Bäume gepflanzt, die

tum, sed perite struitur et est aliquis scindendi obsonii magister?" Adice si vis: „Cur trans mare possides? Cur plura quam nosti? <Cur> turpiter aut tam neglegens es, ut non noveris pauculos servos aut tam luxuriosus, ut plures habeas, quam quorum notitiae memoria sufficiat?"

(3) Adiuvabo postmodo convicia et plura mihi quam putas obiciam. Nunc hoc respondeo tibi: Non sum sapiens et, ut malivolentiam tuam pascam, nec ero. Exige itaque a me, non ut optimis par sim, sed ut malis melior: Hoc mihi satis est, cotidie aliquid ex vitiis meis demere et errores meos obiurgare. (4) Non perveni ad sanitatem, ne perveniam quidem; delenimenta magis quam remedia podagrae meae compono, contentus si rarius accedit et si minus verminatur: Vestris quidem pedibus comparatus, debiles, cursor sum. Haec non pro me loquor – ego enim in alto vitiorum omnium sum –, sed pro illo, cui aliquid acti est.

18 (1) „Aliter" inquis „loqueris, aliter vivis." Hoc, malignissima capita et optimo cuique inimicissima, Platoni obiectum est, obiectum Epicuro, obiectum Zenoni. Omnes enim isti dicebant, non quemadmodum ipsi viverent, sed quemadmodum esset <et> ipsis vivendum. De virtute, non de me loquor, et cum vitiis convicium facio, in primis meis facio. Cum

nichts als Schatten spenden sollen? Warum trägt deine Frau den Gegenwert einer Villa an den Ohren? Warum sind deine Pagen so vornehm angezogen? Warum wird bei dir eine Kunst daraus gemacht, Speisen und Getränke zu servieren, und warum wird das silberne Besteck nicht einfach so, wie es kommt, hingelegt, sondern kunstvoll drapiert, und warum gibt es einen Experten für das Zerlegen der Fische?" Frag ruhig noch weiter, wenn du willst! „Warum hast du Grundbesitz jenseits des Meeres? Warum mehr, als du weißt? Es ist eine Schande, wenn du so gleichgültig bist, dass du deine so wenigen Sklaven nicht kennst, oder so verschwenderisch, dass du ihre große Anzahl nicht im Kopf behalten kannst?"

(3) Ich werde später deine Vorhaltungen zustimmend aufgreifen und mir selbst noch mehr Vorwürfe machen, als du annimmst. Im Augenblick werde ich dir nur folgende Antwort geben: Ich bin nicht weise und, um deinen Ärger noch zu steigern, werde es niemals sein. Verlange deshalb von mir nicht, dass ich den Besten gleich bin, sondern nur, dass ich besser bin als die Schlechten: Es genügt mir, jeden Tag etwas von meinen Fehlern zu tilgen und mir meine Irrtümer vorzuhalten. (4) Ich bin noch nicht gesund, werde es auch nie ganz sein. Ich schaffe es eher, meine Gicht zu lindern als sie zu heilen, und ich bin zufrieden, wenn sie sich seltener bemerkbar macht und mich weniger quält. Wenn ich mir allerdings eure Beine ansehe, ihr Kranken, bin ich im Vergleich dazu noch ein Rennläufer. Das sage ich nicht um meinetwillen – denn ich stecke noch tief in allen Fehlern –, sondern im Blick auf einen Menschen, der schon etwas geschafft hat.[17]

18 (1) „Du redest anders", sagst du zu mir, „als du in Wirklichkeit lebst".[18] Das, ihr wirklich böswilligen Leute und ihr Feinde gerade der Besten, wurde schon Platon vorgeworfen, ebenso auch Epikur und Zenon. Denn alle diese haben nicht davon gesprochen, wie sie selbst lebten, sondern wie sie selbst leben müssten. Ich spreche über die Tugend, nicht über mich, und wenn ich über die Fehler schimpfe, dann

potuero, vivam quomodo oportet. (2) Nec malignitas me ista multo veneno tincta deterrebit ab optimis; ne virus quidem istud, quo alios spargitis, quo vos necatis, me inpediet, quominus perseverem laudare vitam, non quam ago, sed quam agendam scio, quominus virtutem adorem et ex intervallo ingenti reptabundus sequar. (3) Expectabo scilicet, ut quicquam malivolentiae inviolatum sit, cui sacer nec Rutilius fuit nec Cato. Curet aliquis, an istis nimis dives videatur, quibus Demetrius Cynicus parum pauper est? Virum acerrimum et contra omnia naturae desideria pugnantem, hoc pauperiorem quam ceteros Cynicos, quod, cum sibi interdixerint habere, interdixit et poscere, negant satis egere! Vides enim: Non virtutis scientiam, sed egestatis professus est.

19   (1) Diodorum, Epicureum philosophum, qui intra paucos dies finem vitae suae manu sua inposuit, negant ex decreto Epicuri fecisse, quod sibi gulam praesecuit. Alii dementiam videri volunt factum hoc eius, alii temeritatem. Ille interim beatus ac plenus bona conscientia reddidit sibi testimonium vita excedens laudavitque aetatis in portu et ad ancoram actae quietem et dixit, quod vos inviti audistis, quasi vobis quoque faciendum sit: Vixi et quem dederat cursum fortuna peregi.

(2) De alterius vita, de alterius morte disputatis et ad nomen magnorum ob aliquam eximiam laudem virorum, sicut ad occursum ignotorum hominum

schimpfe ich vor allem über meine eigenen. Sobald ich es kann, werde ich leben, wie man leben muss. (2) Eure gifttriefende Boshaftigkeit wird mich nicht von dem Besten abschrecken; und auch der giftige Geifer, den ihr über andere ausgießt und mit dem ihr euch selbst tötet, wird mich nicht daran hindern, damit fortzufahren, das Leben zu preisen – nicht das, was ich selbst führe, sondern das, was man meines Erachtens führen sollte –, und auch nicht daran, die Tugend zu verehren und ihr in einem gewaltigen Abstand hinterherzukriechen. (3) Ich werde selbstverständlich erwarten, dass die Bosheit, die weder Männer wie Rutilius noch Cato schonte,[19] überall einen Angriffspunkt findet. Interessiert es wirklich irgendwen, ob Cato den Leuten zu reich erschien, denen sogar der Kyniker Demetrius[20] noch zu wenig arm ist? Da behauptet man, dieser sehr entschlossene Mann und leidenschaftliche Kämpfer gegen alle natürlichen Bedürfnisse, der noch ärmer war als die anderen Kyniker, weil er, während diese sich jeden Besitz verboten, sogar verbot, nur danach zu verlangen, sei nicht bedürfnislos genug! Da sieht man es: Er war kein ausgewiesener Fachmann der Tugend, sondern der Bedürfnislosigkeit.

19 (1) Von dem epikureischen Philosophen Diodorus, der innerhalb weniger Tage mit eigener Hand seinem Leben ein Ende setzte, behauptet man, er habe keineswegs nach Epikurs Vorschrift gehandelt, als er sich die Kehle durchschnitt. Die einen nehmen Wahnsinn als Ursache für seine Tat an, die anderen sprechen von Verantwortungslosigkeit. Er jedoch setzte sich selbst ein Denkmal, indem er glücklich und mit wirklich gutem Gewissen aus dem Leben ging, und pries die Ruhe eines Lebens, das in einem Hafen vor Anker gegangen ist, und sagte (und dies hört ihr nicht gern, als ob auch ihr so handeln müsstet): „Ich habe gelebt und den Weg vollendet, den das Schicksal mir vorgegeben hatte."[21]

(2) Über das Leben des einen, den Tod des anderen stellt ihr Erörterungen an, und wenn Männer erwähnt werden, die wegen einer hervorragenden Leistung Bedeutung ge-

minuti canes, latratis. Expedit enim vobis neminem videri bonum, quasi aliena virtus exprobratio delictorum vestrum omnium sit. Invidi splendida cum sordibus vestris confertis nec intellegitis, quanto id vestro detrimento audeatis. Nam si illi, qui virtutem sequuntur, avari libidinosi ambitiosique sunt – quid vos estis, quibus ipsum nomen virtutis odio est?

(3) Negatis quemquam praestare, quae loquitur nec ad exemplar orationis suae vivere. Quid mirum, cum loquantur fortia ingentia, omnis humanas tempestates evadentia? Cum refigere se crucibus conentur, in quas unusquisque vestrum clavos suos ipse adigit, ad supplicium tamen acti stipitibus singulis pendent. Hi, qui in se ipsi animum advertunt, quot cupiditatibus, tot crucibus distrahuntur. At maledici, in alienam contumeliam venusti sunt. Crederem illis hoc vacare, nisi quidam ex patibulo suo spectatores conspuerent.

20   (1) „Non praestant philosophi, quae loquuntur." Multum tamen praestant, quod loquuntur, quod honesta mente concipiunt. Nam quidem, si et paria dictis agerent – quid esset illis beatius? Interim non est, quod contemnas bona verba et bonis cogitationibus plena praecordia. Studiorum salutarium etiam citra effectum laudanda tractatio est.

(2) Quid mirum, si non escendunt in altum ardua adgressi? Sed si vir es, suspice, etiam si decidunt,

wonnen haben, bellt ihr sie an wie kleine Hunde, denen unbekannte Leute entgegenkommen. Es passt euch nämlich, dass niemand gut zu sein scheint, als ob fremde Tugend euch eure Schandtaten vorwerfen würde. Eifersüchtig vergleicht ihr glanzvolle Leistungen mit eurem Schmutz und begreift nicht, wie sehr ihr euch selbst schadet, wenn ihr dies wagt. Denn wenn diejenigen, die die Tugend verwirklichen wollen, habsüchtig, zügellos und machtgierig sind – was seid dann ihr, die ihr schon das bloße Wort „Tugend" nicht hören könnt?

(3) Ihr behauptet, niemand verwirkliche durch seine Taten, was er sage, und lebe wirklich nach dem Vorbild, von dem er spreche. Ist das etwa verwunderlich? Denn reden sie nicht von tapferen und gewaltigen Taten, die größer sind als alle Stürme des menschlichen Lebens? Auch wenn sie versuchen, sich von ihren Kreuzen zu lösen, in die jeder Einzelne von euch seine Nägel mit eigener Hand einschlägt, hängen sie, wenn sie hingerichtet werden, doch nur an einem einzigen Balken. Diejenigen aber, die sich mit ihrem eigenen (liederlichen) Leben selbst bestrafen, werden an so vielen Kreuzen gequält, wie sie Begierden haben. Aber dennoch bleiben sie gehässig und kommen sich geistreich vor, wenn sie andere beleidigen. Ich gehe davon aus, dass sie dafür keinen Sinn mehr hätten, wenn nicht sogar manche von ihnen noch vom Kreuz herunter auf die Gaffer spuckten.

20 (1) „Die Philosophen halten nicht, was sie versprechen." Dennoch leisten sie schon viel, wenn sie überhaupt reden und das Moralische gedanklich erfassen. Wenn sie allerdings auch noch alles verwirklichen würden, was ihren Worten entspricht – wer wäre dann glücklicher als sie? Vorerst gibt es keinen Grund, warum man schöne Worte und ein Denken verachtet, das von schönen Gedanken erfüllt ist. Das Studium heilsamer Gedanken ist lobenswert, auch wenn sie ihren Zweck noch nicht erfüllen.

(?) Warum wundert man sich darüber, dass diejenigen, die Schwieriges in Angriff genommen haben, den Gipfel

magna conantes! Generosa res est respicientem non ad suas, sed ad naturae suae vires conari alta temptare et mente maiora concipere, quam quae etiam ingenti animo adornatis effici possunt.

(3) Qui sibi hoc proposuit: „Ego mortem eodem vultu, quo audiam, videbo. Ego laboribus, quanticumque illi erunt, parebo, animo fulciens corpus. Ego divitias et praesentes et absentes aeque contemnam nec, si aliubi iacebunt, tristior nec, si circa me fulgebunt, animosior. Ego fortunam nec venientem sentiam nec recedentem. Ego terras omnes tamquam meas videbo, meas tamquam omnium.

Ego sic vivam quasi sciam aliis esse me natum et naturae rerum hoc nomine gratias agam: Quo enim melius genere negotium meum agere potuit? Unum me donavit omnibus, uni mihi omnes. (4) Quidquid habebo, nec sordide custodiam nec prodige spargam. Nihil magis possidere me credam quam bene donata. Non numero nec pondere beneficia nec ulla nisi accipientis aestimatione perpendam. Numquam id mihi multum erit, quod dignus accipiet. Nihil opinionis causa, omnia conscientiae faciam. Populo spectante fieri credam, quidquid me conscio faciam.

nicht erreichen? Wenn du ein Mann bist, dann schau zu ihnen auf, auch wenn sie abstürzen, denn sie haben Großes versucht! Es ist ein Zeichen von edler Gesinnung, nicht im Blick auf seine eigenen, sondern auf die Kräfte seiner Natur zu versuchen,[22] Großartiges zu unternehmen und in Gedanken noch Größeres zu erfassen als das, was auch Menschen, die über eine gewaltige seelische Kraft verfügen, je erreichen können.

(3) Wer sich Folgendes vornimmt:[23] „Ich werde den Tod mit demselben Gesichtsausdruck ansehen, den ich habe, wenn ich nur von ihm höre. Ich werde alle Leiden auf mich nehmen, mögen sie so groß sein, wie sie wollen, indem ich meinen Körper mit Hilfe meiner Seele stütze. Ich werde vorhandenen wie nicht vorhandenen Reichtum gleichermaßen geringschätzen und werde weder trauriger sein, wenn er sich woanders befindet, noch stolzer, wenn er mich umstrahlen wird. Ich werde das Glück nicht wahrnehmen, ob es nun kommt oder geht. Ich werde die ganze Welt als mein Eigentum betrachten und, was mir gehört, als ein Eigentum ansehen, das allen gehört.

Ich werde so leben, als ob ich wüsste, dass ich für andere geboren bin, und werde der Welt dafür dankbar sein: Denn auf welche Weise hätte ich auch meine Aufgaben besser erledigen können? Mich, eine einzelne Person, hat sie allen, und mir, einer einzelnen Person, alle geschenkt. (4) Alles, was ich besitzen werde, werde ich weder mit schmutzigem Geiz bewachen noch verschwenderisch vergeuden. Nichts werde ich in höherem Maße für meinen Besitz halten als das, was ich auf anständige Weise verschenkt habe. Nicht nach Zahl oder Gewicht oder einer anderen Größe werde ich irgendwelche Wohltaten bemessen, sondern nur nach der Würde des Empfängers. Niemals wird für mich zu viel sein, was jemand bekommen wird, der es wirklich verdient. Nichts werde ich für meinen guten Ruf tun, sondern alles für mein Gewissen. Ich glaube, dass sich alles, was ich tue, auch wenn ich nur allein davon weiß, vor den Augen der Öffentlichkeit abspielt.

(5) Edendi mihi erit bibendique finis desideria naturae restinguere, non inplere alvum et exinanire. Ero amicis iucundus, inimicis mitis et facilis. Exorabor, antequam roger, et honestis precibus occurram. Patriam meam esse mundum sciam et praesides deos, hos supra me circaque me stare factorum dictorumque censores. Quandoque aut natura spiritum repetet aut ratio dimittet, testatus exibo bonam me conscientiam amasse, bona studia, nullius per me libertatem deminutam, minime meam" — qui haec facere proponet, volet, temptabit, ad deos iter faciet, ne ille, etiam si non tenuerit,

'magnis tamen excidit ausis'.

(6) Vos quidem, quod virtutem cultoremque eius odistis, nihil novi facitis. Nam et solem lumina aegra formidant et aversantur diem splendidum nocturna animalia, quae ad primum eius ortum stupent et latibula sua passim petunt. Abduntur in aliquas rimas timida lucis. Gemite et infelicem linguam bonorum exercete convicio! Hiate, commordete! Citius multo frangetis dentes quam inprimetis.

(1) „Quare ille philosophiae studiosus est et tam dives vitam agit? Quare opes contemnendas dicit et habet? Vitam contemnendam putat et tamen vivit?

(5) Beim Essen und Trinken wird es mein Ziel sein, die natürlichen Bedürfnisse zu stillen, nicht mir den Bauch zu füllen und zu entleeren. Meinen Freunden möchte ich ein angenehmer Zeitgenosse sein, meinen Feinden milde und umgänglich entgegentreten. Ich werde mich durch Bitten bewegen lassen, bevor man mit Nachdruck etwas von mir verlangt, und ich werde berechtigten Wünschen entgegenkommen. Es wird mir bewusst sein, dass die ganze Welt meine Heimat ist und die Götter ihre Beschützer, dass sie über mir und bei mir stehen und meine Worte und Taten beurteilen. Und wann auch immer die Natur mein Leben zurückfordern oder eine vernünftige Entscheidung es fortschicken wird, werde ich fortgehen, nachdem ich bezeugt habe, dass ich mich um ein gutes Gewissen und um gute Absichten bemüht habe, dass die Freiheit eines Menschen durch mich nicht eingeschränkt wurde, am wenigsten meine eigene" – wer die Absicht haben wird, dies zu tun, wer es wollen, wer es versuchen wird, wird einen Weg zu den Göttern gehen; ja, auch wenn er keinen Erfolg hatte,

„scheiterte er zwar, aber nur weil er ganz viel gewagt hatte".[24]

(6) Wenn ihr allerdings die Tugend und ihren Verehrer hasst, tut ihr nichts Ungewöhnliches. Denn kranke Augen fürchten eben die Sonne, und vor dem hellen Tag weichen die Nachttiere; sie bekommen schon Angst, wenn der Morgen graut, und versuchen überall, in ihre Verstecke zu kommen. Aus Angst vor dem Licht schlüpfen sie in irgendwelche Ritzen. Stöhnt nur und übt eure unselige Zunge, indem ihr die Guten beschimpft! Reißt den Rachen auf, beißt zu! Ihr werdet euch viel eher eure Zähne ausbrechen als zubeißen können.

21 (1) „Warum beschäftigt sich jener Mensch so ernsthaft mit Philosophie und führt zugleich ein Leben in so großem Reichtum? Warum behauptet er, materieller Besitz sei zwar

Valetudinem contemnendam putat et tamen illam diligentissime tuetur atque optimam mavult? Et exilium vanum nomen putat et ait: ‚Quid enim est mali mutare regiones?" Et tamen, si licet, senescit in patria? Et inter longius tempus et brevius nihil interesse iudicat, tamen, si nihil prohibet, extendit aetatem et in multa senectute placidus viret?"

(2) Ait ista debere contemni, non ne habeat, sed ne sollicitus habeat. Non abigit illa a se, sed abeuntia securus prosequitur. Divitias quidem – ubi tutius fortuna deponet quam ibi, unde sine querella reddentis receptura est?

(3) M. Cato, cum laudaret Curium et Coruncanium et illud saeculum, in quo censorium crimen erat paucae argenti lamellae, possidebat ipse quadragies sestertium, minus sine dubio quam Crassus, plus quam censorius Cato. Maiore spatio, si compararentur, proavum vicerat quam a Crasso vinceretur, et si maiores illi obvenissent opes, non sprevisset.

(4) Nec enim se sapiens indignum ullis muneribus fortuitis putat: Non amat divitias, sed mavult; non in animum illas, sed in domum recipit, nec respuit possessas, sed continet, et maiorem virtuti suae materiam subministrari vult.

zu verachten, aber hält doch daran fest? Er meint, das Leben sei zu verachten, und lebt trotzdem weiter? Gesundheit sei zu verachten, und dennoch achtet er besonders sorgfältig auf sie und will lieber, dass sie sehr gut ist? Auch das Exil hält er für ein sinnloses Wort und behauptet: ‚Was ist denn schlecht daran, wenn man umzieht?' Und doch wird er, wenn es ihm erlaubt ist, lieber zu Hause alt? Und es besteht seiner Meinung nach kein Unterschied zwischen einer längeren und einer kürzeren Zeit, doch wenn ihn nichts daran hindert, versucht er, sein Leben zu verlängern und bis ins hohe Alter kraftvoll zu genießen?"

(2) Er sagt aber, das alles müsse man für unwichtig halten, doch nicht um darauf zu verzichten, sondern um es sorglos zu besitzen. Er trennt sich nicht von diesen Dingen, sondern wenn sie weggehen, lässt er sie unbekümmert ziehen. Was den Reichtum betrifft – wo wird ihn das Schicksal sicherer hinterlegen als dort, wo es ihn zurückbekommen wird, ohne dass sich jemand über die Rückgabe beklagt?

(3) Als M. Cato Männer wie Curtius und Coruncanius[25] und jene alten Zeiten pries, in denen man vom Zensor den Besitz einiger Silberplättchen[26] vorgehalten bekam, besaß er selbst ein Vermögen von vier Millionen Sesterzen, ohne Zweifel weniger als Crassus[27], doch mehr als der Zensor Cato. Mit größerem Abstand hatte Cato seinen Urgroßvater übertroffen, falls man die beiden vergleichen will, als er selbst von Crassus übertroffen wurde, und wenn ihm noch größerer Reichtum zugefallen wäre, hätte er ihn nicht zurückgewiesen.

(4) Denn der Weise vertritt nicht die Auffassung, es sei unwürdig, irgendwelche Geschenke des Glücks anzunehmen: Er liebt den Reichtum nicht, aber er zieht ihn der Armut vor; er nimmt ihn nicht in sein Herz auf, sondern nur in sein Haus. Er wirft ihn nicht weg, wenn er ihn besitzt, sondern hält ihn zusammen und bejaht die Tatsache, dass ihm für die Verwirklichung seiner Tugend größere Mittel zur Verfügung stehen.

22 (1) Quid autem dubii est, quin haec maior materia sapienti viro sit animum explicandi suum in divitiis quam in paupertate, cum in hac unum genus virtutis sit non inclinari nec deprimi, in divitiis et temperantia et liberalitas et diligentia et dispositio et magnificentia campum habeat patentem?

(2) Non contemnet se sapiens, etiam si fuerit minimae staturae, esse tamen se procerum volet. Et exilis corpore aut amisso oculo valebit, malet tamen sibi esse corporis robur, et hoc ita ut sciat esse aliud in se valentius. Malam valetudinem tolerabit, bonam optabit. (3) Quaedam enim, etiam si in summam rei parva sunt et subduci sine ruina principalis boni possunt, adiciunt tamen aliquid ad perpetuam laetitiam et ex virtute nascentem: Sic illum adficiunt divitiae et exhilarant ut nauigantem secundus et ferens ventus, ut dies bonus et in bruma ac frigore apricus locus.

(4) Quis porro sapientium – nostrorum dico, quibus unum est bonum virtus – negat etiam haec, quae indifferentia vocamus, habere aliquid in se pretii et alia aliis esse potiora? Quibusdam ex iis tribuitur aliquid honoris, quibusdam multum. Ne erres itaque: Inter potiora divitiae sunt.

(5) „Quid ergo" inquis „me derides, cum eundem apud te locum habeant quem apud me?" Vis scire, quam non eundem habeant locum? Mihi divitiae, si effluxerint, nihil auferent nisi semet ipsas. Tu stupebis et videberis tibi sine te relictus, si illae a te re-

22 (1) Wie kann man daran zweifeln, dass der Reichtum dem Weisen größere Möglichkeiten bietet, seine Persönlichkeit zu entfalten, als die Armut, weil in dieser nur eine einzige Möglichkeit zur Verwirklichung seiner Tugend steckt: sich nicht zu verbiegen und entmutigen zu lassen, während im Reichtum Mäßigung, Freigebigkeit, Gewissenhaftigkeit, Organisationstalent und Großzügigkeit ein weites Betätigungsfeld haben?

(2) Der Weise wird sich zwar selbst nicht für minderwertig halten, auch wenn er kleinwüchsig ist, aber sich doch wünschen, groß und schlank zu sein. Auch wenn er körperlich schwach ist oder ein Auge verloren hat, wird er etwas wert sein, doch wird er es vorziehen, über Körperkraft zu verfügen, aber nur so lange er weiß, dass etwas anderes in ihm steckt, das stärker ist. Eine schlechte Gesundheit wird er ertragen, eine gute sich wünschen. (3) Denn auch wenn bestimmte Dinge alles in allem geringfügig sind und ohne Beeinträchtigung des höchsten Gutes verloren gehen können, tragen sie doch etwas zu einer Fröhlichkeit bei, die von Dauer ist und aus der Tugend erwächst: So versetzt auch der Reichtum den Weisen in die gleiche heitere Stimmung wie den Schiffsreisenden ein günstig wehender Wind, wie ein schöner Tag und bei eiskaltem Wetter ein sonniger Platz.

(4) Wer von den Weisen – ich meine unsere Weisen, für die die Tugend das einzige Gut ist – bestreitet denn ernsthaft, dass auch die Dinge, die wir als indifferent bezeichnen, einen bestimmten Wert in sich haben und unterschiedlich wertvoll sind? Bestimmten indifferenten Dingen wird nur ein geringer Wert beigemessen, anderen aber auch ein hoher. Lass dich deshalb nicht beirren: Zu den Dingen, die einen höheren Wert haben, gehört auch der Reichtum.

(5) „Warum", fragst du, „machst du dich also über mich lustig, da doch der Reichtum bei dir denselben Stellenwert hat wie bei mir?" Willst Du wissen, inwiefern er nicht dieselbe Bedeutung hat? Wenn mir der Reichtum verloren geht, wird er nichts wegschaffen außer sich selbst. Du aber wirst

cesserint. Apud me divitiae aliquem locum habent, apud te summum. Ad postremum: Divitiae meae sunt, tu divitiarum es.

23 (1) Desine ergo philosophis pecunia interdicere: Nemo sapientiam paupertate damnavit. Habebit philosophus amplas opes, sed nulli detractas nec alieno sanguine cruentas, sine cuiusquam iniuria partas, sine sordidis quaestibus. Quarum tam honestus sit exitus quam introitus. Quibus nemo ingemescat nisi malignus. In quantum vis, exaggera illas: Honestae sunt, in quibus, cum multa sint, quae sua quisque dici velit, nihil est, quod quisquam suum possit dicere.

(2) Ille vero fortunae benignitatem a se non summovebit et patrimonio per honesta quaesito nec gloriabitur nec erubescet. Habebit tamen etiam, quo glorietur, si aperta domo et admissa in res suas civitate poterit dicere: „Quod quisque agnoverit, tollat." O magnum virum, <o> optime divitem, si post hanc vocem tantundem habuerit! Ita dico: si tuto et securus scrutationem populo praebuerit, si nihil quisquam apud illum invenerit, quoi manus iniciat, audaciter et propalam erit dives.

(3) Sapiens nullum denarium intra limen suum admittet male intrantem. Idem magnas opes, munus fortunae fructumque virtutis, non repudiabit nec excludet. Quid enim est, quare illis bono loco invideat? Veniant, hospitentur. Nec iactabit illas nec

entsetzt sein, und es wird dir so vorkommen, als ob du völlig im Stich gelassen wärst, wenn du ihn verloren hast. Bei mir nimmt der Reichtum irgendeinen Platz ein, bei dir ist es das Höchste. Das bedeutet am Ende: Der Reichtum ist mein Besitz, du aber bist der Besitz des Reichtums.

23 (1) Hör also auf damit, den Philosophen das Geld zu verbieten: Niemand hat die Philosophie zur Armut verurteilt. Der Philosoph wird großen Reichtum haben; er wurde aber niemandem fortgenommen, und es klebt kein Blut daran; er wurde erworben, ohne dass jemand ein Unrecht erlitt und ohne dass schmutzige Geschäfte gemacht wurden. Er wird ebenso anständig verbraucht, wie er erworben wurde. Niemand regt sich über ihn auf, wenn er nicht böswillig ist. Erhöhe ihn, so hoch du willst: Denn er ist einwandfrei, obwohl vieles darunter ist, was jeder sein Eigentum nennen möchte, aber nichts, was jemand sein Eigentum nennen könnte.

(2) Der Weise wird aber das Wohlwollen des Schicksals nicht zurückweisen und auf ein anständig erworbenes Vermögen weder stolz sein noch sich dafür schämen. Doch er wird auch etwas haben, worauf er stolz sein kann, wenn er in der Lage sein wird, seine Tür zu öffnen, den Leuten den Eintritt in sein Haus zu erlauben und zu sagen: „Was ein jeder als sein Eigentum erkennt, soll er mitnehmen." Ach, was für ein großer und im wahrsten Sinne des Wortes reicher Mann ist er, wenn er nach dieser Aufforderung noch genauso viel wie vorher besitzt! So meine ich es: Wenn er den Leuten ohne Gefahr und ohne Sorge erlaubt, sich umzusehen, wenn niemand bei ihm etwas findet, worauf er Anspruch erheben könnte, wird er bedenkenlos und in aller Öffentlichkeit reich sein können.

(3) Der Weise wird keinen einzigen Denar über seine Schwelle lassen, der nicht auf anständige Weise hereinkommt. Ebenso wird er ein großes Vermögen, ein Geschenk des Glücks und ein Produkt seines Könnens, nicht zurückweisen und nicht aussperren. Warum sollte er ihm denn

abscondet – alterum infruniti animi est, alterum timidi et pusilli, velut magnum bonum intra sinum continentis – nec, ut dixi, eiciet illas e domo.

(4) Quid enim dicet? Utrumne „inutiles estis" an „ego uti divitiis nescio"? Quemadmodum etiam pedibus suis poterit iter conficere, escendere tamen vehiculum malet, sic pauper poterit esse, dives volet. Habebit itaque opes, sed tamquam leves et avolaturas, nec ulli alii eas nec sibi graves esse patietur.

(5) Donabit – quid erexistis aures, quid expeditis sinum? – donabit aut bonis aut eis, quos facere poterit bonos. Donabit cum summo consilio dignissimos eligens, ut qui meminerit tam expensorum quam acceptorum rationem esse reddendam. Donabit ex recta et probabili causa. Nam inter turpes iacturas malum munus est. Habebit sinum facilem, non perforatum, ex quo multa exeant et nihil excidat.

24 (1) Errat, si quis existimat facilem rem esse donare: Plurimum ista res habet difficultatis, si modo consilio tribuitur, non casu et impetu spargitur. Hunc promereor, illi reddo; huic succurro, huius misereor; illum instruo dignum, quem non deducat paupertas nec occupatum teneat. Quibusdam non dabo, quamvis desit, quia etiam, si dedero, erit defuturum. Quibusdam offeram, quibusdam etiam

einen guten Platz missgönnen? Es soll nur kommen und sich als Gast wohlfühlen! Der Weise wird nicht mit ihm angeben und es aber auch nicht verstecken – das eine ist Ausdruck von Beschränktheit, das andere von Angst und Kleinkrämerei, als ob man einen besonders wertvollen Gegenstand in seiner Tasche verstecken würde –, doch er wird es auch nicht, wie schon gesagt, aus dem Haus werfen.

(4) Was wird er denn sagen? „Ihr seid nutzlos, ihr Reichtümer" oder „Ich kann euch nicht richtig gebrauchen"? Genauso wie er auch zu Fuß gehen kann, aber lieber auf einen Wagen steigt, so wird er zwar arm sein können, aber reich sein wollen. Und darum wird er auch Vermögen haben werden, das er aber als unwesentlich und vergänglich betrachtet, und er wird es nicht dulden, dass es einen anderen oder ihn selbst in Schwierigkeiten bringt.

(5) Er wird sein Vermögen verschenken – warum habt ihr die Ohren gespitzt? Warum öffnet ihr eure Taschen? – ja, er wird es entweder an gute Menschen verschenken oder an solche, die er zu guten Menschen machen kann. Er wird es verschenken, indem er nach reiflicher Überlegung die Würdigsten auswählt, ohne zu vergessen, dass er ebenso über seine Ausgaben wie über seine Einnahmen Rechenschaft ablegen muss. Er wird es aus einem rechtmäßigen und anerkennenswerten Grund verschenken. Denn ein schlechtes Geschenk gehört zu den besonders beschämenden Verlusten. Der Weise wird eine Tasche haben, die sich leicht öffnen lässt, aber keine Löcher hat und aus der vieles herauskommt, doch nichts herausfällt.

24 (1) Wenn jemand glaubt, das Schenken sei eine leichte Sache, dann irrt er: Diese Angelegenheit ist ausgesprochen schwierig, jedenfalls wenn man mit Überlegung verteilt und nicht willkürlich und impulsiv verschleudert. Diesem erweise ich einen Gefallen, jenem gebe ich etwas zurück; diesen unterstütze ich, mit diesem habe ich Mitleid, jenem helfe ich auf die Beine, weil er es wert ist, dass ihn die Armut nicht nach unten zieht und zu hart beansprucht. Bestimm-

inculcabo. Non possum in hac re esse neglegens; numquam magis nomina facio quam cum dono.

(2) „Quid? tu" inquis „recepturus donas?" Immo non perditurus: Eo loco sit donatio, unde repeti non debeat, reddi possit. Beneficium conlocetur quemadmodum thesaurus alte obrutus, quem non eruas, nisi fuerit necesse.

(3) Quid? Domus ipsa divitis viri – quantam habet bene faciendi materiam! Quis enim liberalitatem tantum ad togatos vocat? Hominibus prodesse natura me iubet. Servi liberine sint hi, ingenui an libertini, iustae libertatis an inter amicos datae – quid refert? Ubicumque homo est, ibi benefici locus est. Potest itaque pecunia etiam intra limen suum diffundi et liberalitatem exercere, quae non, quia liberis debetur, sed quia a libero animo proficiscitur, ita nominata est. Haec apud sapientem nec umquam in turpes indignosque inpingitur nec umquam ita defetigata errat, ut non, quotiens dignum invenerit, quasi ex pleno fluat.

(4) Non est ergo, quod perperam exaudiatis, quae honeste, fortiter, animose a studiosis sapientiae dicuntur. Et hoc primum adtendite: Aliud est studiosus sapientiae, aliud iam adeptus sapientiam. Ille tibi dicet: „Optime loquor, sed adhuc inter mala volutor plurima. Non est, quod me ad formulam meam exigas: Cum maxime facio me et formo et ad

ten Leuten werde ich nichts geben, obwohl es ihnen an allem fehlt, weil es ihnen auch dann noch fehlen wird, wenn ich ihnen etwas gebe. Bestimmten Leuten werde ich etwas anbieten, anderen etwas aufdrängen. Ich kann in dieser Angelegenheit nicht gleichgültig sein; niemals führe ich genauer Buch als beim Schenken.

(2) „Mit welcher Erwartung", fragst du, „verteilst du Geschenke?" Ich will nur nichts verlieren: Ein Geschenk soll dort ankommen, von wo man es nicht zurückverlangen darf, aber von wo es zurückgegeben werden kann. Eine gute Tat soll man aufheben wie einen tief verborgenen Schatz, den man nur ausgräbt, wenn es sein muss.

(3) Was nun? Schon das Haus eines reichen Mannes – wie groß sind die Möglichkeiten, die es für gute Taten zur Verfügung hat! Wer verlangt denn Freigebigkeit nur gegenüber römischen Bürgern? Die Natur verlangt von mir, Menschen nützlich zu sein. Ob es sich nun um Freie oder Sklaven oder um Freigeborene oder Freigelassene handelt oder ob es um eine gesetzlich begründete oder eine durch freundschaftliche Beziehungen gewährte Freiheit geht – was spielt das für eine Rolle? Wo immer ein Mensch ist, dort ist Platz für eine gute Tat. Deshalb kann Geld auch innerhalb des eigenen Hauses verteilt werden und Freigebigkeit ermöglichen, die nicht so heißt, weil man sie nur freien Menschen schuldet, sondern weil sie von einem freien Geist ausgeht. Sie wird von einem weisen Mann niemals Minderwertigen und Unwürdigen aufgedrängt, und sie ist niemals so erschöpft und orientierungslos, dass sie nicht gewissermaßen aus dem Vollen hervorströmen könnte, sooft sie einen Würdigen findet.

(4) Es gibt also keinen Grund dafür, dass ihr missversteht, was von Philosophen auf moralisch einwandfreie Weise, mit Mut und großem Engagement vorgetragen wird. Und darauf müsst ihr vor allem achten: Es ist eine Sache, nach Weisheit zu streben, und eine andere, Weisheit schon zu besitzen. Wer nach Weisheit strebt, wird dir sagen: „Was ich sage, ist zwar sehr gut, aber bis jetzt bin ich noch in sehr viele

exemplar ingens attollo. Si processero, quantumcumque proposui, exige, ut dictis facta respondeant."

Adsecutus vero humani boni summam aliter tecum aget et dicet: „Primum non est, quod tibi permittas de melioribus ferre sententiam. mihi iam – quod argumentum est recti – contigit malis displicere. (5) Sed ut tibi rationem reddam, qua nulli mortalium invideo, audi, quid promittam et quanti quaeque aestimem! Divitias nego bonum esse: Nam si essent, bonos facerent; nunc, quoniam, quod apud malos deprenditur, dici bonum non potest, hoc illis nomen nego. Ceterum et habendas esse et utiles et magna commoda vitae adferentes fateor.

25 (1) Quid ergo sit, quare illas non in bonis numerem, et quid praestem in illis aliud quam vos, quoniam inter utrosque convenit habendas, audite! Pone in opulentissima me domo. Pone, <ubi> aurum argentumque in promiscuo usu sit: Non suspiciam me ob ista, quae, etiam si apud me, extra me tamen sunt. In Sublicium pontem me transfer et inter egentes abice. Non ideo tamen me despiciam, quod in illorum numero consedero, qui manum ad stipem porrigunt. Quid enim ad rem, an frustum panis desit, cui non deest mori posse? Quid ergo est? Domum illam splendidam malo quam pontem.

Übel verwickelt. Es ist also nicht angebracht, dass du meinen eigenen Maßstab an mich selbst anlegst: So weit es geht, arbeite ich an mir, forme mich und nähere mich meinem gewaltigen Vorbild an. Wenn ich den Fortschritt erreicht habe, den ich mir vorgenommen habe, dann kannst du verlangen, dass die Taten den Worten entsprechen."

Wer aber das höchste menschliche Gut erreicht hat, wird dir anders gegenübertreten und zu dir sagen: „Vor allem darfst du dir nicht erlauben, über bessere Menschen ein Urteil zu fällen. Mir gelingt es schon – und das beweist, dass ich auf dem richtigen Weg bin –, den Schlechten nicht zu gefallen. (5) Aber um vor dir Rechenschaft abzulegen, die ich vor jedem ablegen würde, höre, was ich verspreche und wie hoch ich den Wert aller Dinge einschätze! Ich stelle fest, dass materieller Reichtum kein Gut ist: Denn wenn er es wäre, würde er uns zu guten Menschen werden lassen; doch weil man das, was man auch bei schlechten Menschen antrifft, nicht als gut bezeichnen kann, verweigere ich dem Reichtum dieses Prädikat. Im Übrigen gebe ich zu, dass man Reichtum haben darf, dass er nützlich ist und im täglichen Leben große Vorteile bringt.

25 (1) Lasst euch nun erklären, warum ich den Reichtum nicht zu den Gütern zähle und warum ich in ihm etwas anderes sehe als ihr, da doch beide Seiten darin übereinstimmen, dass man reich sein darf! Bring mich in ein sehr reiches Haus. Bring mich dorthin, wo Gold und Silber gewöhnliche Gebrauchsgegenstände sind: Ich werde mir auf die Dinge nichts einbilden, die, auch wenn ich sie habe, nicht zu mir gehören. Bring mich auf die Hölzerne Brücke[28] und lass mich zu den Armen. Doch deshalb werde ich mich nicht verachten, weil ich mich mitten unter denen befinde, die ihre Hand nach einer milden Gabe ausstrecken. Was heißt es schon, wenn jemandem ein Stück Brot fehlt, dem es freisteht zu sterben? Worum geht es eigentlich? Ich möchte lieber jenes prächtige Haus besitzen als die Brücke.

(2) Pone <in> instrumentis splendentibus et delicato apparatu: Nihilo me feliciorem credam, quod mihi molle erit amiculum, quod purpura convivis meis substernetur. Muta stragula mea: Nihilo miserius ero, si lassa cervix mea in maniculo faeni adquiescet, si super Circense tomentum per sarturas veteris lintei effluens incubabo. Quid ergo est? Malo, quid mihi animi sit, ostendere praetextatus et chlamydatus quam nudis scapulis aut semitectis.

(3) Omnes mihi ex voto dies cedant, novae gratulationes prioribus subtexantur: non ob hoc mihi placebo. Muta in contrarium hanc indulgentiam temporis, hinc illinc percutiatur animus damno, luctu, incursionibus variis, nulla hora sine aliqua querella sit: Non ideo me dicam inter miserrima miserum, non ideo aliquem execrabor diem. Provisum est enim a me, ne quis mihi ater dies esset. Quid ergo est? Malo gaudia temperare quam dolores compescere."

(4) Hoc tibi ille Socrates dicet: „fac me victorem universarum gentium, delicatus ille Liberi currus triumphantem usque ad Thebas a solis ortu vehat, iura reges petant a me: Hominem esse maxime cogitabo, cum deus undique consalutabor. Huic tam sublimi fastigio coniunge protinus praecipitem mutationem; in alienum inponar fericulum exornaturus victoris superbi ac feri pompam: Non humilior sub alieno curru agar, quam in meo steteram. Quid ergo est? Vincere tamen quam capi malo. (5) Totum fortunae regnum despiciam. Sed ex illo, si dabitur electio, meliora sumam. Quidquid ad me venerit, bonum fiet. Sed malo faciliora ac iucundiora veniant et minus vexatura tractantem.

(2) Lass mich von herrlichen Möbeln und einer erlesenen Einrichtung umgeben sein: Ich werde mich nicht einen Deut glücklicher fühlen, weil ich einen weichen Mantel habe oder meine Gäste auf Purpurdecken liegen. Tausche meine Bettdecken aus: Ich werde keinesfalls unglücklicher sein, wenn mein müder Nacken auf einer Handvoll Heu ruht oder wenn ich auf einem Zirkuskissen[29] liege, das durch die Nähte eines alten Leinensackes hervorquillt. Was ich damit sagen will? Ich möchte lieber in einer Toga mit Purpurstreifen und in einem weiten Mantel zeigen, was mein Herz bewegt, als mit nackten oder halbverdeckten Schultern.[30]

(3) Mögen mir auch alle meine Tage nach Wunsch verlaufen und neue Glückwünsche sich an die früheren anreihen: Ich werde mir darauf nichts einbilden. Verwandle diese Gnade der Zeit in ihr Gegenteil: Mag auch meine Seele von allen Seiten her durch Verluste, Trauer oder verschiedenartige Angriffe getroffen werden und mag auch keine Stunde ohne irgendeine Klage sein: Deshalb werde ich nicht behaupten, ich sei unglücklich im tiefsten Unglück, und darum keinen einzigen Tag verfluchen: Denn ich habe dafür vorgesorgt, dass es für mich keinen schwarzen Tag gibt. Was soll ich sonst noch dazu sagen? Ich will lieber meine Freuden einschränken als meine Schmerzen unterdrücken."

(4) Das wird dir unser berühmter Sokrates sagen:[31] „Mach mich zum Sieger über alle Völker, und jener herrliche Wagen des Liber[32] soll mich im Triumph aus dem Osten bis nach Theben fahren! Könige mögen mich um Gerichtsurteile bitten: Es wird mir dann besonders bewusst sein, dass ich ein Mensch bin, wenn ich überall als Gott begrüßt werde. Lass mich von diesem höchsten Gipfel unvermittelt in die Tiefe stürzen; ich will mich in aller Ruhe auf die Trage des Feindes[33] setzen, um den Triumphzug eines stolzen und unmenschlichen Siegers zu schmücken. Während man mich hinter dem fremden Wagen hergeschleppt, werde ich nicht demütiger sein, als ich es war, während ich auf meinem eigenen stand. Was ich damit sagen will? Selbstverständlich will ich lieber Sieger als Kriegsgefangener sein. (5) Die Herr-

Non est enim, quod existimes ullam esse sine labore virtutem; sed quaedam virtutes stimulis, quaedam frenis egent. (6) Quemadmodum corpus in proclivi retineri debet, adversus ardua inpelli, ita quaedam virtutes in proclivi sunt, quaedam clivum subeunt. An dubium est, quin escendat, nitatur, obluctetur patientia, fortitudo, perseverantia et quaecumque alia duris opposita virtus est et fortunam subigit? (7) Quid ergo? Non aeque manifestum est per devexum ire liberalitatem, temperantiam, mansuetudinem? In his continemus animum, ne prolabatur, in illis exhortamur incitamusque acerrime. Ergo paupertati adhibebimus illas, quae pugnare sciunt, fortiores, divitiis illas diligentiores, quae suspensum gradum ponunt et pondus suum sustinent. (8) Cum hoc ita divisum sit, malo has in usu mihi esse, quae exercendae tranquillius sunt, quam eas, quarum experimentum sanguis et sudor est. Ergo non ego aliter" inquit sapiens „vivo quam loquor. Sed vos aliter auditis, sonus tantummodo verborum ad aures vestras pervenit: Quid significet, non quaeritis."

26 (1) „Quid ergo inter me stultum et te sapientem interest, si uterque habere volumus?" Plurimum: Divitiae enim apud sapientem virum in servitute sunt, apud stultum in imperio. Sapiens divitiis nihil

schaft des Schicksals werde ich als ganze verachten. Wenn ich aber die Wahl habe, dann werde ich mich für das Bessere entscheiden. Alles, was auf mich zukommt, wird gut sein, aber ich will lieber, dass das Leichtere und Angenehmere kommen möge und Dinge, die mich weniger quälen, wenn sie mich treffen.

Es gibt nämlich keinen Grund zu glauben, dass du Tugend ohne Anstrengung verwirklichen kannst; vielmehr brauchen manche Tugenden die Sporen, manche die Zügel. (6) Wie man eine Last bergab bremsen und bergauf kräftig schieben muss, so befinden sich einige Tugenden auf einer abschüssigen Bahn, einige quälen sich eine Steigung hinauf. Besteht etwa irgendein Zweifel daran, dass Geduld, Tapferkeit, Ausdauer und jede andere Tugend zu einem höheren Ziel hin streben, dafür kämpfen und sich allen Schwierigkeiten entgegenstellen und das Schicksal besiegen? (7) Was ich damit sagen will? Ist es nicht offensichtlich, dass sich Freigebigkeit, Selbstbeherrschung, Freundlichkeit auf einem abschüssigen Weg befinden? Denn bei diesen Tugenden halten wir unsere Seele im Zaum, damit sie sich nicht überschlägt, bei jenen aber müssen wir sie mahnen und sie besonders scharf antreiben. Wenn wir mittellos sind, werden wir demnach die Tugenden zur Geltung bringen, die zu kämpfen verstehen, die tapferen also; wenn wir aber reich sind, die gewissenhafteren, die vorsichtig vorgehen und ihr eigenes Gewicht beherrschen. (8) Da nun dieser Unterschied besteht, will ich lieber die Tugenden praktizieren, die in größerer Stille zu verwirklichen sind, als die anderen, die man mit Blut und Schweiß beweist. Folglich lebe ich nicht anders", sagt der Weise, „als ich rede. Ihr aber hört es anders, weil nur der Klang der Worte in eure Ohren dringt: Was dieser Klang bedeutet, fragt ihr nicht."

26 (1) „Worin besteht also der Unterschied zwischen mir, dem Toren, und dir, dem Weisen, wenn wir beide etwas besitzen wollen?" Der Unterschied ist sehr groß: Denn bei einem weisen Mann spielt der Reichtum eine dienende, bei

permittit, vobis divitiae omnia. Vos, tamquam aliquis vobis aeternam possessionem earum promiserit, adsuescitis illis et cohaeretis. Sapiens tunc maxime paupertatem meditatur, cum in mediis divitiis constitit. (2) Numquam imperator ita paci credit, ut non se praeparet bello, quod, etiam si non geritur, indictum est. Vos domus formonsa, tamquam nec ardere nec ruere possit, insolentes, vos opes, tamquam periculum omne transcenderint maioresque sint vobis, quam quibus consumendis satis virium habeat fortuna, obstupefaciunt. (3) Otiosi divitiis luditis nec providetis illarum periculum, sicut barbari plerumque inclusi et ignari machinarum segnes laborem obsidentium spectant nec, quo illa pertineant, quae ex longinquo struuntur, intellegunt. Idem vobis evenit: marcetis in vestris rebus nec cogitatis, quot casus undique immineant iam iamque pretiosa spolia laturi. Sapientis quisquis abstulerit divitias, omnia illi sua relinquet; vivit enim praesentibus laetus, futuri securus.

(4) „Nihil magis" inquit ille Socrates aut aliquis alius, cui idem <adfectus> adversus humana atque eadem potestas est „persuasi mihi, quam ne ad opiniones vestras actum vitae meae flecterem. Solita conferte undique verba: Non conviciari vos putabo, sed vagire velut infantes miserrimos." (5) Haec dicet ille, cui sapientia contigit, quem animus vitiorum immunis increpare alios, non quia odit, sed in remedium iubet. Adiciet his illa: „Existimatio me vestra non meo nomine, sed vestro movet, quia clamantes

einem Toren eine alles beherrschende Rolle. Der Weise gestattet dem Reichtum keinen Einfluss, euch aber ermöglicht der Reichtum alles Mögliche. Als ob euch jemand den ewigen Besitz des Reichtums versprechen würde, gewöhnt ihr euch an ihn und lasst euch von ihm bestimmen. Der Weise aber denkt vor allem dann über die Armut nach, wenn er sich mitten im Reichtum befindet. (2) Niemals vertraut ein Feldherr dem Frieden so sehr, dass er sich nicht auf den Krieg vorbereitet, der stets erklärt ist, auch wenn er nicht geführt wird. Ein schönes Haus nimmt euch den Verstand, als ob es weder brennen noch zusammenstürzen könnte, wirklichkeitsfern, wie ihr seid, und ebenso materieller Besitz, als ob er völlig ungefährdet und zu groß wäre, als dass das Schicksal ihn vernichten könnte. (3) Ihr spielt sorglos mit eurem Reichtum und achtet nicht darauf, dass er in Gefahr ist, wie unsere Kriegsgegner, die unsere Belagerungsmaschinen nicht kennen und, wenn sie eingeschlossen sind, meistens tatenlos unseren Anstrengungen bei der Belagerung zusehen und nicht verstehen, welchen Zweck die Maschinen haben, die in gehöriger Entfernung gebaut werden. Dasselbe passiert euch: Inmitten eurer schönen Welt dämmert ihr dahin und denkt nicht daran, wie viele Schicksalsschläge euch von überall her drohen und euch in jedem Moment wertvolle Stücke entreißen können. Wer dagegen einem Weisen seinen Reichtum fortnimmt, lässt alles, was wirklich sein Eigentum ist, unangetastet. Denn er lebt und freut sich an dem, was er hat, und macht sich keine Sorgen um die Zukunft.

(4) „Zu nichts", sagt unser Sokrates oder irgendein anderer, der dasselbe Einfühlungsvermögen gegenüber den Problemen der Menschen und denselben Einfluss hat, „bin ich fester entschlossen, als dazu, meine Lebensführung von euren Meinungen unabhängig zu machen. Tragt die üblichen Redensarten von überall her zusammen: Ich werde nicht glauben, dass ihr mir ernsthafte Vorwürfe macht, sondern nur, dass ihr wimmert wie zutiefst unglückliche Kinder." (5) Das wird jemand sagen, der zur Weisheit gefunden hat und den seine von jeder Boshaftigkeit freie Seele befiehlt,

odisse et lacessere virtutem bonae spei eiuratio est. Nullam mihi iniuriam facitis, sed ne dis quidem hi, qui aras evertunt. Sed malum propositum apparet malumque consilium etiam ibi, ubi nocere non potuit. (6) Sic vestras halucinationes fero quemadmodum Iuppiter optimus maximus ineptias poetarum, quorum alius illi alas inposuit, alius cornua, alius adulterum illum induxit et abnoctantem, alius saevum in deos, alius iniquum in homines, alius raptorem ingenuorum et cognatorum quidem, alius parricidam et regni alieni paternique expugnatorem. Quibus nihil aliud actum est, quam ut pudor hominibus peccandi demeretur, si tales deos credidissent.

(7) Sed quamquam ista me nihil laedant, vestra tamen vos moneo causa: Suspicite virtutem, credite iis, qui illam diu secuti magnum quiddam ipsos et, quod in dies maius appareat, sequi clamant, et ipsam ut deos ac professores eius ut antistites colite. Et quotiens mentio sacrarum litterarum intervenerit, favete linguis. Hoc verbum non, ut plerique existimant, a favore trahitur, sed imperat silentium, ut rite peragi possit sacrum nulla voce mala obstrepente: Quod multo magis necessarium est imperari vobis, ut, quotiens aliquid ex illo proferetur oraculo, intenti et compressa voce audiatis. (8) Cum sistrum aliquis concutiens ex imperio mentitur, cum aliquis secandi lacertos suos artifex brachia atque umeros suspensa manu cruentat, cum aliqua genibus per viam repens ululat laurumque linteatus senex et medio lucernam

andere zurechtzuweisen, aber nicht, weil er hasst, sondern um zu heilen. Er wird außerdem Folgendes hinzufügen: „Euer Denken berührt mich nicht um meinetwillen, sondern aus Sorge um euch, weil ihr jede Hoffnung auf Besserung zerstört, wenn ihr mit eurem lauten Geschrei die Tugend mit Hass überfallt und herausfordert. Mir fügt ihr kein Unrecht zu; das erreicht man nicht einmal bei den Göttern, wenn man ihre Altäre umstößt. Doch der böse Vorsatz und die böse Absicht sind auch dort offensichtlich, wo man keinen Schaden anrichten konnte. (6) Euer gedankenloses Gerede ertrage ich so wie Iupiter Optimus Maximus die Albernheiten der Dichter, von denen mancher ihm Flügel andichtete, mancher Hörner, mancher ihn zum Ehebrecher erklärte und zum nächtlichen Herumtreiber, mancher ihn als grausam gegen die Götter und als ungerecht gegenüber den Menschen darstellte, mancher ihn als Entführer edler und sogar verwandter Wesen, mancher als Vatermörder und als Räuber und Eroberer eines nicht ihm, sondern seinem Vater gehörenden Reiches.[34] Dadurch hat man nur erreicht, dass sich die Menschen unter Berufung auf solche Götter nicht mehr davor schämten, etwas Böses zu tun.

(7) Doch auch wenn mich diese Vorhaltungen keineswegs verletzen, ermahne ich euch doch um euretwillen: Blickt zur Tugend auf, vertraut allen, die ihr lange gefolgt sind und euch zurufen, dass sie selbst einer ganz großen Sache folgen, die sich von Tag zu Tag als größer erweist, und bringt ihr selbst eure Verehrung entgegen wie den Göttern und denjenigen, die sich zu ihr bekennen, wie ihren Priestern. Immer wenn von der heiligen Wissenschaft die Rede ist, schweigt andächtig (*favete linguis*)![35] Die Form *favete* kommt nicht, wie die meisten glauben, von *favor* (Applaus), sondern sie fordert zur Stille auf, damit die heilige Handlung nach Vorschrift durchgeführt werden kann, ohne dass ein böses Wort stört: Es ist viel notwendiger, dass man euch das befiehlt, damit ihr, sobald irgendetwas von jenem Orakel verkündet wird, aufmerksam und schweigend zuhört. (8) Wenn jemand eine Rassel[36] ertonen lässt und lügt, weil

die praeferens conclamat iratum aliquem deorum, concurritis et auditis ac divinum esse eum, invicem mutuum alentes stuporem, adfirmatis."

27 (1) Ecce Socrates ex illo carcere, quem intrando purgavit omnique honestiorem curia reddidit, proclamat: „Qui iste furor, quae ista inimica dis hominibusque natura est infamare virtutes et malignis sermonibus sancta violare? Si potestis, bonos laudate, si minus, transite! Quod si vobis exercere taetram istam licentiam placet, alter in alterum incursitate. Nam cum in caelum insanitis, non dico sacrilegium facitis, sed operam perditis. (2) Praebui ego aliquando Aristophani materiam iocorum, tota illa comicorum poetarum manus in me venenatos sales suos effudit: Inlustrata est virtus mea per ea ipsa, per quae petebatur. Produci enim illi et temptari expedit, nec ulli magis intellegunt, quanta sit, quam qui vires eius lacessendo senserunt. Duritia silicis nullis magis quam ferientibus nota est.

(3) Praebeo me non aliter quam rupes aliqua in vadoso mari destituta, quam fluctus non desinunt, undecumque moti sunt, verberare, nec ideo aut loco eam movent aut per tot aetates crebro incursu suo consumunt. Adsilite, facite impetum: Ferendo vos vincam. In ea, quae firma et inexsuperabilia sunt,

man es von ihm erwartet, und wenn jemand es versteht, sich seine Arme aufzuschneiden[37], und mit nach oben gestreckter Hand über seine Arme und Schultern sein Blut fließen lässt, und wenn eine Frau auf Knien über den Weg kriecht und heult und ein alter Mann in einem Leinenhemd mitten am Tag einen Lorbeerzweig und eine Lampe herumträgt und schreit, einer der Götter sei erzürnt, dann lauft ihr zusammen, hört zu und versichert, dass dies ein göttlicher Mann sei, und steigert euch gegenseitig in eure Ekstase hinein."

27 (1) Seht nur, Sokrates sprach in jenem Kerker, den er durch seine Anwesenheit reinigte und ehrwürdiger werden ließ als jeden Versammlungssaal, die folgenden Worte: „Was ist das für ein Wahnsinn, was ist das für eine den Göttern und Menschen widerwärtige Art, Tugenden schlecht zu machen und mit bösen Worten Heiliges zu entehren? Wenn ihr es könnt, dann lobt die Tüchtigen, wenn nicht, geht weiter! Wenn es euch aber gefällt, diese abstoßende Zügellosigkeit walten zu lassen, dann fallt doch über einander her. Denn wenn ihr gegen den Himmel wütet, dann begeht ihr meines Erachtens keine Gotteslästerung,[38] sondern müht euch vergeblich ab. (2) Ich habe einmal Aristophanes Stoff für seine Scherze geliefert, und die ganze illustre Bande von Komödiendichtern hat ihre giftige Jauche über mich ausgegossen: Meine innere Kraft wurde gerade durch diese Angriffe erkennbar. Denn es ist nur von Vorteil für sie, wenn man sie in die Öffentlichkeit bringt und angreift, und niemand erkennt ihre Größe besser als diejenigen, die ihre Wirkung zu spüren bekommen, wenn sie sie herausfordern. Auch die Härte eines Steines ist niemandem besser bekannt als denjenigen, die sich an ihm stoßen.

(3) Ich bin wie ein einsamer Fels in einem gefährlich flachen Meer, gegen den die Fluten unaufhörlich und von allen Seiten her anbranden, aber ihn dadurch weder von der Stelle bewegen noch im Laufe so vieler Menschenalter mit ihren unaufhörlichen Angriffen vernichten. Springt auf, greift an: Indem ich dies aushalte, werde ich euch besiegen. Was gegen

quidquid incurrit, malo suo vim suam exercet: Proinde quaerite aliquam mollem cedentemque materiam, in qua tela vestra figantur!

(4) Vobis autem vacat aliena scrutari mala et sententias ferre de quoquam: „Quare hic philosophus laxius habitat? Quare hic lautius cenat?" Papulas observatis alienas, obsiti plurimis ulceribus? Hoc tale est, quale si quis pulcherrimorum corporum naevos aut verrucas derideat, quem foeda scabies depascitur. (5) Obicite Platoni, quod petierit pecuniam, Aristoteli, quod acceperit, Democrito, quod neglexerit, Epicuro, quod consumpserit. Mihi ipsi Alcibiadem et Phaedrum obiectate, evasuri maxime felices, cum primum vobis imitari vitia nostra contigerit. (6) Quin potius mala vestra circumspicitis, quae vos ab omni parte confodiunt, alia grassantia extrinsecus, alia in visceribus ipsis ardentia? Non eo loco res humanae sunt, etiam si statum vestrum parum nostis, ut vobis tantum otii supersit, ut in probra meliorum agitare linguam vacet.

28 (1) Hoc vos non intellegitis et alienum fortunae vestrae vultum geritis, sicut plurimi. Quibus in circo aut theatro desidentibus iam funesta domus est nec adnuntiatum malum. At ego ex alto prospiciens video, quae tempestates aut immineant vobis paulo tardius rupturae nimbum suum aut iam vicinae vos ac vestra rapturae propius accesserint. Quid porro? Nonne nunc quoque, etiam si parum sentitis, turbo quidam animos vestros rotat et involvit fugientes petentesque eadem et nunc in sublime adlevatos nunc in infima adlisos [...]?"

etwas Festes und Unüberwindliches anrennt, gebraucht seine Kraft zu seinem eigenen Schaden: Deshalb sucht euch einen weichen und nachgiebigen Gegenstand, in den eure Pfeile eindringen können!

(4) Ihr aber habt die Zeit, nach fremden Fehlern zu suchen und über irgendjemanden zu urteilen: ‚Warum wohnt dieser Philosoph in einem viel zu großzügigen Haus? Warum speist er viel zu aufwendig?' Bei anderen entdeckt ihr Pickelchen, obwohl ihr selbst doch von unzähligen Geschwüren bedeckt seid? Das ist genauso, als ob jemand, den eine grässliche Krätze zerfrisst, über Muttermale und Warzen sehr schöner Menschen spotten würde. (5) Haltet doch Platon vor, dass er Geld verlangte, Aristoteles, dass er es annahm, Demokrit, dass er es verachtete, Epikur, dass er es verbrauchte; mir selbst könntet ihr Alkibiades und Phaidros vorhalten, und dabei wärt ihr schon sehr glücklich, wenn es euch gelingen würde, wenigstens unsere Fehler nachzuahmen! (6) Warum seht ihr euch aber nicht lieber eure eigenen Fehler an, die euch von überall her durchbohren, indem sie euch teils von außen umschwärmen, teils tief in eurem Inneren verbrennen? Die menschlichen Dinge laufen nicht so, auch wenn ihr euren Zustand zu wenig kennt, dass ihr so viel Zeit habt, bessere Menschen zu verunglimpfen.

28 (1) Das versteht ihr nicht und macht ein frohes Gesicht, das zu eurem Schicksal nicht passt, wie die meisten Menschen. Während sie noch im Zirkus oder im Theater sitzen, tritt bei ihnen zu Hause ein Todesfall ein, ohne dass sie es wissen. Ich aber sehe von einem höheren Punkt aus, welche Stürme euch bevorstehen und kurz darauf ihre Wetterwolken aufreißen lassen oder, da sie schon ganz in eurer Nähe sind, noch näher kommen, um euch und eure Habe zu packen. Was soll man noch mehr sagen? Wirbelt nicht auch jetzt schon, auch wenn ihr es noch kaum merkt, so etwas wie ein Sturm eure Seelen umher, die dasselbe meiden und erstreben[39] und bald in die Höhe gewirbelt, bald in die Tiefe geschleudert werden […]?"[40]

ANHANG

EINFÜHRUNG

Biographische Notiz

Seneca (4 vor Chr. bis 65 nach Chr.) war Zeitgenosse mehrerer römischer Kaiser: Augustus, Tiberius (seit 14 n. Chr.), Caligula (seit 37), Claudius (seit 41) und Nero (seit 54). Er stammte aus einer kleinen Stadt in Spanien. Seine Eltern waren wohlhabend und konnten ihm ein gründliches Studium in Rom ermöglichen. Nach seiner Ausbildung war er als Anwalt tätig und ging dann in die praktische Politik, indem er im Jahr 31 das Amt des Quästors antrat und Mitglied des römischen Senats wurde. Als brillanter Redner erregte er die Eifersucht des Kaisers Caligula, der ihn deshalb umbringen wollte. Aufgrund seines schlechten Gesundheitszustands blieb er jedoch unbehelligt: Man rechnete mit seinem baldigen Tod.

Auch unter Kaiser Claudius hatte Seneca Schwierigkeiten: Die Kaiserin Messalina setzte seine Verbannung nach Korsika durch, weil er angeblich eine unerlaubte Beziehung zu einer Schwester Caligulas hatte. Nach Messalinas Tod wurde der Verbannte im Jahre 49 auf Veranlassung Agrippinas, der Mutter des späteren Kaisers Nero, nach Rom zurückberufen: Er sollte ihren Sohn (geb. 37) erziehen helfen.

Nach Claudius' Tod im Jahr 54 wurde Seneca Berater des jungen Kaisers und regierte praktisch das römische Reich in eigener Verantwortung. In dieser Zeit wurde er einer der reichsten Männer der Hauptstadt.[i] Der Kaiser entzog sich jedoch allmählich dem Einfluss seines Lehrers und Beraters und ließ eine weitere Zusammenarbeit unmöglich werden.

Im Jahr 62 zog sich Seneca ganz aus der Politik zurück[ii] und widmete sich ausschließlich seiner Schriftstellerei. Drei Jahre später wurde er von Nero zum Selbstmord gezwungen, weil man ihm die Beteiligung an einer Verschwörung gegen den Kaiser vorwarf.[iii]

De vita beata *und der Widerspruch zwischen Leben und Lehre*

Die zwischen 54 und 59 verfasste Abhandlung[iv] *De vita beata* ist wahrscheinlich schon im Zusammenhang mit den Vorwürfen zu sehen, die man gegen Seneca wegen des angeblich unerträglichen Widerspruchs zwischen seiner philosophischen Lehre und der Wirklichkeit seiner Lebensführung erhob. Sein Eintreten für eine stoisch geprägte Askese stand offensichtlich in einem krassen Gegensatz zu seinem persönlichen Luxus, seinem ungeheuren Reichtum und seinen finanziellen Spekulationen. Nach Tacitus (Annalen 14, 53, 2) beklagt Seneca selbst im Gespräch mit Nero den Widerspruch zwischen seinem Reichtum und seinen eigenen moralischen Ansprüchen: „... Du hast mich mit so vielen Ehren und Reichtümern überhäuft, dass mir nichts an meinem Glück (*felicitas*) fehlt – außer seiner maßvollen Begrenzung (*nisi moderatio eius*)." Er habe sich immer wieder die Frage gestellt (Annalen 14, 53, 5): „Wo bleibt (angesichts meines übermäßigen Reichtums) jener philosophische Geist, der mit dem zufrieden ist, was das Maß nicht überschreitet (*animus ille modicis contentus*)?"

Seneca leidet darunter, dass seine Glaubwürdigkeit in Frage gestellt ist, und man kann wohl davon ausgehen, dass Senecas Reflexionen gerade in der Schrift *De vita beata* dem Zweck dienen, diese Glaubwürdigkeit wieder herzustellen.[v]

In seinen moralphilosophischen Abhandlungen und Briefen hat Seneca sich vor allem mit sich selbst und seinem eigenen Leben auseinandergesetzt, das ihm nicht zuletzt Gelegenheit bot, zwischen Sinn und Unsinn, Wert und

Unwert, wahrem und eingebildetem Reichtum, Überfluss und Mangel, Zufriedenheit und Überdruss, Mäßigung und Verschwendung, Tugend und Laster, Glück und Unglück aus eigenem Erleben zu unterscheiden. Für den, der nichts hat, ist es leicht, Macht und materiellen Reichtum zu verteufeln. Wer aber wie Seneca eine hohe gesellschaftliche Stellung, Wohlstand, Ansehen in der Öffentlichkeit, allgemeine Anerkennung, kurz: alles was einem Römer traditionell erstrebenswert erschien, dennoch für wertlos oder gar schädlich erklärt, ist als Mensch und Philosoph ernst zu nehmen. Wer anders als Seneca wäre legitimiert gewesen, traditionelle römische Wertvorstellungen und damit seine ganze Existenz in Frage zu stellen und für sich selbst und seine Mitmenschen nach neuen Wegen zu suchen? Senecas geistige Leistung ist darin zu sehen, dass er die innere Schwäche, Dürftigkeit und Widersprüchlichkeit seiner eigenen Welt, der Welt, die ihn trug und die er zeitweilig in höchster Stellung mitgestaltete, klar gesehen und massiv kritisiert hat. Man kann ihm allenfalls vorhalten, dass er nicht energisch genug versuchte, diese Welt zu ändern, sondern ihr lediglich eine heile Welt des Geistes gegenüberstellte, in die er sich zurückzog, um am Ende mit ihr unterzugehen.

Man sollte aber auch nicht übersehen, dass er mit seiner Distanzierung von Nero, die Tacitus so beeindruckend in seinen Annalen (14, 53–56) dokumentiert, wenigstens seine innere Freiheit gegenüber dem System zurückgewinnt. Tacitus (15, 61, 1) erweist Seneca darum auch seine Hochachtung, indem er erwähnt, Nero sei häufiger mit Senecas Souveränität und Zivilcourage (*libertas*) konfrontiert gewesen als mit seiner Unterwürfigkeit (*servitium*).

Tacitus (15, 62, 2) beseitigt schließlich jeden Zweifel daran, dass Senecas Leben und Lehre letztlich doch übereinstimmten: Laut Tacitus ermahnt Seneca seine Freunde, die aus Schmerz über seinen bevorstehenden Tod die Fassung zu verlieren drohen, Gelassenheit und Festigkeit (*firmitas*) zu bewahren. Dann fragt er sie, wo denn bei ihnen

die Vorschriften der Philosophie (*praecepta sapientiae*) und die seit vielen Jahren eingeübte (stoische) Haltung gegenüber drohenden Gefahren (*per tot annos meditata ratio adversum imminentia*) geblieben seien. Das sind nicht nur glaubwürdige Worte, sondern auch entsprechende Taten![vi]

Ein glückliches Leben als individuelle Leistung

Eine Übersetzung des Titels *De vita beata* mit dem unbestimmten Artikel „*Ein* glückliches Leben" hätte andeuten können, dass die Abhandlung eine Option unter anderen beschreibt. Denn zu Beginn seiner Schrift (3, 2) macht Seneca deutlich, dass er keine wissenschaftliche Abhandlung vorlegen will. Er hat nicht die Absicht, die Meinungen anderer Autoren über ein glückliches Leben doxographisch darzustellen oder zu widerlegen. Er bezieht sich auch nicht auf einen bestimmten Autor, etwa auf einen prominenten Stoiker, sondern nimmt sich das Recht auf ein selbstständiges, eigenes Urteil. Er wolle die Auffassungen seiner Vorgänger zwar berücksichtigen, wie er selbst sagt, aber seine eigene Meinung noch ergänzend hinzufügen.[vii] Mit diesem programmatischen Satz scheint er anzudeuten, dass er sich die Freiheit nimmt, auch Gedanken vorzutragen, die mit der stoischen Orthodoxie nicht unbedingt übereinstimmen, ihm aber gleichwohl wichtig sind.

Senecas Abhandlung ist aber kein Glücksratgeber im heutigen Sinne des Wortes oder eine philosophische Auseinandersetzung mit dem Begriff des Glücks. Es handelt sich vielmehr um eine apologetische Schrift, mit der der Autor sein eigenes Verständnis eines glücklichen Lebens erläutert und rechtfertigt, um seine Glaubwürdigkeit wieder herzustellen.

Ideal und Wirklichkeit

Es lassen sich zwei Teile unterscheiden: In ihrem – stärker theoretischen – ersten Teil der Schrift (Kapitel 1–16)[viii] stellt Seneca die Merkmale eines glücklichen Lebens aus seiner Sicht dar: Es ist ein von Leistungskraft (*virtus*) geprägtes Leben, das sich zugleich durch ein geduldiges Ertragen und Hinnehmen des unbeeinflussbaren Schicksals auszeichnet. Der Mensch nimmt dankbar entgegen, was ihm von der Natur gegeben wird, ohne sich jedoch davon abhängig zu machen.

Im zweiten – stärker empirisch-praktischen – Teil (17–28) der Abhandlung setzt sich Seneca ausführlich mit der Frage auseinander, warum denn so viele Philosophen erfahrungsgemäß nicht nach ihren eigenen Idealen leben. Senecas Antwort ist einfach: Wer über „vollkommene und göttliche Leistungskraft (*virtus*)" verfüge, habe gewiss kein Problem damit, sein Leben im Sinne seiner Ideale zu führen. Wer sich aber noch auf dem Weg zu diesem Ziel befinde, brauche noch „ein Stück weit die Gnade des Schicksals, solange er noch mit menschlichen Schwächen ringt" (16, 3).

Akzente

1. EPIKUREISCHER STOIZISMUS

Es ist bemerkenswert, dass Seneca (4, 3–5, 4) ein glückliches Leben skizziert, das durchaus als epikureisch gelten kann. Nachdem er verschiedene, betont stoisch akzentuierte Ansatzpunkte einer Begriffsklärung durchgespielt hatte (4, 2), ergänzt er diese mit einer epikureisch gefärbten Variante: Was hindere ihn daran, sich vorzustellen, dass das glückliche Leben eines freien, aufrechten, unerschrockenen und standhaften Geistes ohne Furcht und Verlangen sei? Ein solches Leben sei doch getragen von ständiger Heiterkeit und echter Fröhlichkeit (4, 4).

Das Bild, das Seneca hier zeichnet, ist insofern epikureisch geprägt, als er von der „Ruhe eines unangreifbar gefestigten und überlegenen Geistes" und von „einer nach der Beseitigung aller Ängste großartigen, unerschütterlichen Freude spricht, die aus der Erkenntnis der Wahrheit hervorgeht," und die „Freundlichkeit und Heiterkeit der Seele" erwähnt, „woran man seine Freude hat, aber nicht weil es sich um Güter handelt, die von außen kommen, sondern aus dem Inneren der Seele selbst" (4, 5).[ix]

2. GLÜCKLICHES LEBEN ALS NATURGEMÄSSES LEBEN IM SINNE EINER DEN GEIST UND DEN KÖRPER UMFASSENDEN INDIVIDUELLEN NATUR DES MENSCHEN

Wenn Seneca fordert, man müsse sich in allen Fragen des Lebens an der „Natur der Dinge" (*rerum natura*) orientieren und dürfe von ihr nicht abweichen, sondern müsse sich nach ihrem Gesetz und Vorbild richten, dann stimmt er mit der traditionellen stoischen Lehre überein. So kann er auch nur ein Leben für glücklich erklären, das seinem eigentlichen Wesen (*natura*) gerecht wird, obwohl offen bleibt, was dieses „eigentliche Leben" ist. Auch wenn man im Sinne der alten stoischen Formel von einem „Leben in Übereinstimmung" (*homologuménōs zên*, SVF 3, 12) spricht, ist zu klären, womit denn „Übereinstimmung" herrschen muss: Die älteren Stoiker wollten mit dieser Formel eine „Übereinstimmung mit der Natur (physis/natura)" zum Ausdruck bringen, ohne jedoch zu klären, was man unter „Natur" zu verstehen habe.[x]

Panaitios (180–110 v. Chr.), dem einflussreichen Vertreter der Mittleren Stoa, ist eine deutliche Präzisierung zu verdanken: Denn er spricht von „einem Leben in Übereinstimmung mit den uns von der ‚Natur' gegebenen Anlagen (*aphormaí*)" (Frg. 53 Alesse) und meint damit die Harmonie des Menschen mit sich selbst.[xi] Für Panaitios ist der Bezugspunkt eines glücklichen Lebens also keine allumfassende,

aber unfassbare „Natur" oder auch nur die „Vernunftnatur" des Menschen, sondern das spezifische Wesen des einzelnen Individuums in seiner geistig-körperlichen Ganzheit.

Er steht mit dieser Feststellung in der Tradition Platons, der in seiner Politeia (4, 433a) die Auffassung vertritt, dass die Gerechtigkeit die Voraussetzung des Glücks für den einzelnen wie für das Ganze sei. Diese wird aber erst dadurch verwirklicht, dass jeder Mensch, „das Seine tut" und so handelt, wie es seinem Wesen, seinen Bedingungen, Fähigkeiten und Möglichkeiten entspricht. Platon fügt noch hinzu, dass jedermann auch ein unbestreitbares Recht auf „das Seine" habe (433e),[xii] aus dem sich seine Individualität definiere.

Panaitios stellt im Gegensatz zu den älteren Stoikern darüber hinaus fest, dass die „Natur des Menschen" nicht ausschließlich in seiner Vernunft, sondern auch in seiner körperlichen Existenz bestehe. Er scheint eine Trennung zwischen Körper und Geist nicht mehr zu akzeptieren, sondern die Meinung zu vertreten, dass geistige und körperliche Qualitäten gemeinsam den Menschen ausmachen.[xiii] Das Glück des Menschen ist demnach im „ganzen Menschen" und nicht nur in einem „Teil" zu suchen, wie es auch Cicero – in der Nachfolge des Panaitios – den Vertretern der älteren Stoa entgegenhält.[xiv]

Ganz in diesem Sinne stellt dann Seneca fest (*De vita beata* 3, 3): Das naturgemäße Leben kann nur gelingen, wenn der Geist gesund ist und seine Gesundheit dauerhaft behält, wenn er stark und zupackend und dann auch auf schönste Weise empfindsam ist und allen Situationen gerecht wird, wenn er auf seinen Leib und auf alles, was mit diesem zu tun hat, achtet, dies aber ohne Angst, und wenn er dann alle anderen Dinge, die das Leben bereichern, im Auge behält, ohne jedoch irgendetwas besonders zu bevorzugen, und die Gaben des Glücks bewusst gebraucht, ohne sich ihnen zu unterwerfen.

Als Einheit aus Geist und Körper kann der Mensch ein glückliches Leben verwirklichen, wenn er die Fügungen des Schicksals bewusst annimmt (*uti*) und sich ihnen nicht wil-

lenlos unterwirft (*servire*). Das ist der Grundton in der Abhandlung über „ein glückliches Leben".

3. RECHTFERTIGUNG VON EIGENTUM ALS MATERIAL FÜR TUGENDHAFTES HANDELN UND ALS TRAININGSMÖGLICHKEIT ZUR BEWÄLTIGUNG VON VERLUSTANGST DURCH VERLUSTGEWISSHEIT

Unter diesen Voraussetzungen kann Seneca (ab Kapitel 17) auch seinen bemerkenswerten materiellen Wohlstand rechtfertigen und zugleich einen entscheidenden Aspekt seines Verständnisses von einem glücklichen Leben eröffnen: Da nun einmal Wohlstand[xv] zum Glück gehöre und es keinen Grund dafür gebe, sich von seinem Besitz zu trennen, habe man lediglich die Aufgabe, diesen richtig und d. h. zu moralisch vertretbaren Zwecken zu gebrauchen. So ist Reichtum der Stoff für die Verwirklichung moralischen Handelns (*virtus*). Reichtum schafft damit ein Übungsfeld z. B. für Freigebigkeit und Wohltätigkeit, aber auch für maßvolle Zurückhaltung, Bescheidenheit und kluge Sparsamkeit.

Damit weist Seneca den gegen ihn erhobenen Vorwurf mangelnder Übereinstimmung von Reden und Handeln entschieden zurück: Wer über materiellen Besitz verfüge, habe doch ganz andere Möglichkeiten, moralisch zu handeln.

Der Reiche könne über das durch den Reichtum ermöglichte moralische Handeln hinaus noch eine lebenswichtige Einstellung gewinnen: Wenn er nämlich begreife, dass materieller Besitz, aber auch Leben und Gesundheit jederzeit und wider Erwarten verloren gehen können oder aufgegeben werden müssen (vgl. Kap. 26, 2), werde er fähig, seine elementare Verlustangst, die der Mittellose gar nicht empfinden könne, durch Verlustgewissheit zu neutralisieren und zu überwinden.

Diese Verlustgewissheit gelassen zu akzeptieren, ist das Zentrum eines glücklichen Lebens, wie es Seneca immer

wieder bewusst macht und am Beispiel des Umgangs mit dem Reichtum veranschaulicht.

4. WEISHEIT UND TORHEIT

Seneca bedient sich der stoischen Unterscheidung von Weisen (*sapientes*) und Toren (*stulti*),[xvi] um noch einen weiteren Aspekt seiner Rechtfertigung zu erschließen: Bei einem weisen Mann habe der Reichtum eine dienende, bei einem Toren eine alles beherrschende Rolle. Auf den Weisen übe der Reichtum keinen Einfluss aus. Dem Toren aber gestatte er vielerlei. Der Tor gewöhne sich an ihn, als ob er ihn für immer besitzen werde, und lasse sich von ihm bestimmen. Der Weise aber denke dann vor allem über die Armut nach, wenn er sich mitten im Reichtum befinde (26, 1).

Mit der Unterscheidung von Weisen und Toren will Seneca aber nicht die Menschheit in zwei Gruppen einteilen und schon gar nicht sich selbst der Gruppe der Weisen zuordnen. Der Weise ist vielmehr nur ein Orientierung bietendes, aber letztlich unerreichbares Zielbild. Der Mensch befinde sich allenfalls auf dem Weg zu diesem Ziel hin und mache dabei auch kleine Fortschritte.[xvii] „Ich bin nicht weise", sagt Seneca (17, 3), „und ... werde es niemals sein. Verlange deshalb nicht von mir, dass ich den Besten gleich bin, sondern nur, dass ich besser bin als die Schlechten: Es genügt mir, jeden Tag etwas von meinen Fehlern zu tilgen und mir meine Irrtümer vorzuhalten."

Vor diesem Hintergrund kann Seneca den Vorwurf zurückweisen, er handle nicht so, wie er rede: „Warum sind denn deine Worte mutiger als deine Taten?" (17, 1). Die scheinbare Dissonanz zwischen Worten und Taten (*aliter loqueris, aliter vivis*, 18, 1) versucht Seneca dadurch zu erklären, dass er wie andere vor ihm nicht das Leben preise, das er selbst führe, sondern das man führen müsse.[xviii] Gewiss erreichen die meisten Philosophen nicht, was sie mit Worten beschwören. Aber sie dürfen doch beschreiben, wel-

che Vorstellungen sie vom Guten haben (20, 1). Daher ist es unbegründet, so Seneca, schöne Worte und Gedanken zu verachten, auch wenn ihnen keine entsprechenden Taten folgen.

Im Zentrum seiner Schrift (20, 3–5) legt Seneca einen philosophischen Eid ab, mit dem er sich zu einem moralischen Leben im Sinn eines gemäßigten Stoizismus bekennt. Wenn man ernsthaft vorhabe, so zu leben, dann sei man auf einem guten Weg, auch wenn man das Ziel nie ganz erreiche und es nicht schaffe, die Dissonanz zwischen Worten und Taten vollständig aufzuheben. Seneca kommentiert seinen Eid mit den Worten: Wer all dies ernsthaft verspreche (*proponere*), wolle (*velle*) und versuche (*temptare*), werde sich auf den Weg zu den Göttern begeben ...

5. ÜBER DIE NOTWENDIGKEIT DER SELBSTKRITIK

Der Schluss des fiktiven Gesprächs (27, 4–6; 28), das Seneca mit seinem Leser führt, erinnert an eine biblische Metapher (Matthäus 7, 3): „Aber warum siehst du den Splitter im Auge deines Bruders, bemerkst jedoch nicht den Balken in deinem eigenen Auge?"[xix]

Auch Senecas Rechtfertigung gipfelt in der Frage, warum man anderen ihre Fehler vorwerfe und seine eigenen nicht sehen wolle. Hier geht es aber um mehr: Am Ende seiner Ausführungen über „ein glückliches Leben" appelliert Seneca nachdrücklich an das Bewusstsein der menschlichen Zerbrechlichkeit und Erfolglosigkeit.

Die Schrift *De vita beata* ist demnach der – wohl auch gelungene – Versuch, den stoischen Rigorismus, für den die „Tugend" (*virtus*) *allein* ein glückliches Leben gewährleistet (16, 3), als wirklichkeitsfern zu erweisen. Denn da der Mensch höchstens auf dem Weg zu einer autarken Tugend ist, wenn er noch von seinem natürlichen Streben nach Lust und Lebensfreude bestimmt wird, muss der Philosoph sei-

nen Kompromiss zwischen stoischer Askese und epikureischem Hedonismus[xx] plausibel machen: Ein glückliches Leben wird durch materielle Annehmlichkeiten nicht verhindert, solange man der Lust nicht verfällt, wenn Besitz so gebraucht wird, dass er für einen selbst und für andere wirklich nützlich ist, und wenn man alles, was man besitzt, in Würde und nobler Gelassenheit aufgeben kann. Dann wird sich das stoische Ideal der souveränen Distanz zu allem, was man haben kann, aber nicht haben muss, bewähren. Vielleicht ist das Leben für Seneca auch erst in dem Augenblick glücklich zu nennen, wenn man erkennt, dass man alles verloren hat, und dabei Haltung bewahrt.[xxi]

i   In seinen Annalen (13, 42 f.) lässt Tacitus den Angeklagten Publius Suillius in einem Prozess des Jahres 58 Senecas unbeschreiblich großen Reichtum erwähnen: „Wie konnte er es schaffen, mit Hilfe seiner Weisheit und seiner philosophischen Lehren in vierjähriger Freundschaft mit dem Kaiser dreihundert Millionen Sesterzen zu erwerben?" Tacitus erwähnt Senecas Reichtum auch in den Annalen 14, 53–54.

ii Tacitus, Annalen 14, 53–56, schildert Senecas letzte Audienz bei Nero. Der beeindruckende Text ist ein sehr wichtiges Zeugnis der schwierigen Beziehung zwischen dem Philosophen und dem Kaiser.

iii Tacitus, Annalen 15, 60–63.

iv Im Nachwort zu seiner zweisprachigen Ausgabe (Stuttgart 1990, 114–118) gibt Fritz-Heiner Mutschler eine überzeugende Darstellung der Argumente für die Abfassungszeit zwischen Neros Thronbesteigung und der Entfremdung zwischen Seneca und dem Kaiser.

v   Cicero weist in *De re publica* 2, 1 übrigens darauf hin, bei dem älteren Cato habe vollständige Übereinstimmung zwischen seinem Leben und seinem Reden geherrscht: „*orationi vita admodum congruens*". Das Fehlen einer derartigen Kongruenz wurde bei Seneca beklagt

vi Ob Tacitus mit diesem Hinweis auf Senecas Haltung das Vorbild des Sokrates im platonischen Phaidon vor Augen hat, sei dahingestellt.

vii „Ich füge hier meine eigene Meinung ergänzend hinzu" (3, 2: „*hoc amplius censeo*").

viii Die 28 Kapitel der Schrift sind traditionell in Paragraphen unterteilt, die eine bessere Zitierbarkeit der Texte ermöglichen.

ix Die spezifisch epikureische Auffassung von der Vertreibung aller Ängste durch die Erforschung der Wahrheit hat Lukrez bereits im ersten Jh. v. Chr. zum Motiv seiner Dichtung *De rerum natura* erhoben: Sie soll die Menschen von allen Ängsten befreien, weil sie sich als unbegründet erweisen. Das geht u. a. aus *De rerum natura* 1, 62–79; 3, 1–30; 5, 1–12 hervor.

x Vielleicht geht man nicht fehl in der Annahme, dass „Natur" ein metaphysischer Begriff ist, den die Stoiker nur verwenden, um einen fiktiven Bezugspunkt zu gewinnen, der in der Vielfalt und Unüberschaubarkeit der Lebenswirklichkeit Orientierung bietet.

xi Panaitios meint hier die Übereinstimmung des Menschen mit seinen individuellen Anlagen.

xii Im Anschluss daran verlangt Cicero (*De officiis* 1,114), dass jeder Mensch seine individuelle Begabung erkennen und sich als strenger Richter über seine guten und schlechten Eigenschaften erweisen solle.

xiii Diesen Gedanken findet man auch in Ciceros Kritik der stoischen Position aus peripatetischer Sicht (*De finibus* 4, 24–31).

xiv Cicero, *De finibus* 4, 33.

xv Schon Aristoteles hatte darauf hingewiesen (Nikomachische Ethik 1099a 31 ff.), dass zum Glück auch „äußere" Güter gehören, während die ältere Stoa darauf bestand, dass allein die „Tugend" glücklich mache.

xvi „Toren" sind Menschen, deren Handeln nicht von vernünftigen Gründen, sondern von Affekten gesteuert wird.

xvii Die Stoiker haben dafür den Begriff des *prokóptein* oder *procedere* verwendet. Vgl. *De vita beata* 24, 4.

xviii *Non quam ago, sed quam agendam scio* (18, 2).

xix Übersetzung: Rainer Nickel. Vgl. auch Lukas 6, 41–42.

xx Seneca ist weit davon entfernt, die epikureische Weltanschauung zu verteufeln. Er argumentiert mitunter mit epikureischen Lehrinhalten: Über die Bedingungen und Voraussetzungen der Freundschaft: *Epist.* 9; über die Überwindung der Furcht: *Epist.* 78; über den hedonistischen Minimalismus: *Epist.* 4; über freiwillige Bedürfnisbeschränkung: *Epist.* 18; über wahren Reichtum: *Epist.* 21.

xxi In *De vita beata* 4, 3 definiert Seneca ein glückliches Leben als das Leben einer freien, aufrechten, unerschrockenen und standhaften Seele.

ERLÄUTERUNGEN

1 Gallio war Senecas älterer Bruder, der von dem Redner Lucius Iunius Gallio adoptiert wurde und dann den Namen Lucius Iunius Gallio Annaeanus trug.
2 Die Prätoren sind die höchsten römischen (Wahl-)Beamten nach den Konsuln. Sie waren für das Gerichtswesen zuständig, konnten aber auch militärische Kommandogewalt vom Senat oder von der Volksversammlung übertragen bekommen.
3 Das entspricht der alten stoischen Telos-Formel des *homologuménōs zên*: SVF 3, 12. Später formuliert Panaitios das Telos des Menschen als „das Leben in Übereinstimmung mit den uns von Natur gegebenen Anlagen": Frg. 53 (Alesse).
4 Vgl. auch *De vita beata* 4, 3 und 8, 2.
5 Seneca meint hier die Anhänger Epikurs.
6 Seneca zitiert aus dem Kopf einen Vers aus Vergils *Aeneis* (2, 61): Es handelt sich um den Griechen Sinon, der die Trojaner dazu überredet, das hölzerne Pferd nicht zu vernichten. Vergil sagt von diesem, er sei „zu beidem bereit gewesen: entweder seinen Anschlag auszuführen oder den sicheren Tod zu erleiden".
7 Gemeint ist Epikur.
8 Schon für Horaz war Nomentanus der Prototyp eines hemmungslosen Genussmenschen.
9 Apicius, Senecas Zeitgenosse, war ein berühmter Feinschmecker; wahrscheinlich ist er identisch mit dem Verfasser eines bis heute erhaltenen lateinischen Kochbuches.
10 „Unsere Leute" sind die Stoiker.
11 Hier lässt Seneca einen Epikureer sprechen.
12 Das Tamburin war eine mit Schellen besetzte Handtrommel, die im Gottesdienst zu Ehren der Göttin Kybele verwendet wurde und als besonders unmännlich galt. Weibliche Kleider und Attribute können aber die Männlichkeit der betroffenen Person nicht vernichten. Auch die Schule Epikurs ist nur äußerlich betrachtet eine Anstalt, in der es ausschließlich um Lust geht.
13 Der schlechte Ruf der Epikureer hat in Senecas Augen seine Ursachen im Fehlverhalten der Menschen, die nach Rechtfertigung suchten und sich auf Epikur beriefen.

14 Das Syrtenmeer liegt vor der nordafrikanischen Küste. Es war wegen seiner Sandbänke und Strömungen gefürchtet.
15 Seneca zitiert eine Stelle aus Vergils *Georgica* (1, 139 f.).
16 Sieger haben unterlegene Feinde „unter das Joch geschickt", um sie zu demütigen. Vgl. z. B. die Niederlage der Römer 321 v. Chr. durch die Samniten (Livius 9, 1–7). Das „Joch" bestand aus zwei in den Boden gerammten Stangen, die mit einer Querstange verbunden waren. Die besiegten Römer wurden dadurch gedemütigt, dass sie unter dieser Querstange hindurchgehen mussten. In dieser Hinsicht war das Joch also das Gegenstück zum Triumphbogen.
17 Hier geht es wie schon in Kapitel 16, 3 um den stoischen Begriff des moralischen „Fortschritts" (*Prokopé*).
18 Vgl. J.-W. Beck: Aliter loqueris, aliter vivis. Senecas philosophischer Anspruch und seine biographische Realität, Göttingen 2010.
19 Publius Rutilius Rufus, geb. ca. 154 v. Chr., Konsul 105, zeichnete sich 94 v. Chr. bei der Verwaltung der Provinz Asia durch besondere Gerechtigkeit aus. Das führte zu Konflikten mit Steuerpächtern, die ihn ausschalten wollten; sie brachten ihn ohne Grund wegen Erpressung vor Gericht. Er wurde verurteilt und ging daraufhin ins Exil. Seine Verdienste um die römische Republik waren sprichwörtlich. Über seine Tätigkeit als Anwalt berichtet Cicero (Brutus 113–116). – Marcus Porcius Cato, der Urenkel des berühmten Zensors, war bekennender Stoiker. Als politischer Gegner Caesars endete er 46 v. Chr. durch Selbstmord. Für Cicero (Pro Murena 3) war er eine moralische Autorität.
20 Seneca erwähnt an anderen Stellen seines Werkes (z. B. De beneficiis 7, 1, 3; Epist. Ad Lucilium 20, 9) den Philosophen Demetrius (1. Jh. n. Chr.) als Muster der Bedürfnislosigkeit.
21 Das waren Didos Worte vor ihrem Selbstmord (Vergil, Aeneis 6, 653).
22 Seneca unterscheidet hier die individuellen Kräfte des Einzelnen von den Kräften, die dem Menschen aus seinem spezifisch menschlichen Wesen heraus erwachsen.
23 Die Fortsetzung des Satzes folgt am Ende von § 5.
24 Ovid, Metamorphosen 2, 328. Hier ist die Rede von Phaethon, der mit dem Wagen seines Vaters Zeus verunglückte: Auch wenn er den Wagen nicht beherrschen konnte, scheiterte er zwar, aber nur aufgrund seines großen Wagemuts.
25 Manius Curius Dentatus war im dritten Jh. v. Chr. ein erfolgreicher Politiker und Feldherr im Krieg gegen die Samniten und gegen König Pyrrhos. Der ältere Cato (243–149 v. Chr.) pries seine Genügsamkeit und Sittenstrenge: Cicero, Cato maior 55 f. – Tiberius Coruncanius, der etwas jünger war als Curius, war ebenfalls

ERLÄUTERUNGEN

ein verdienstvoller, integrer Politiker und Feldherr: Cicero, Cato maior 43. Laelius 39.

26 Ovid, Fasti 1, 208: Der Besitz von Silberblech galt im alten Rom als ein Vergehen. Mit zunehmendem Reichtum entstand auch die Gier nach mehr.
27 Crassus (115–53 v. Chr.), der römische Politiker und Feldherr, war berühmt für seinen sprichwörtlichen Reichtum.
28 Die Hölzerne Brücke, der *Pons sublicius*, war eine Brücke über den Tiber. Sie war ein bei Bettlern beliebter Aufenthaltsort.
29 Ein derartiges Kissen diente dem bequemeren Sitzen im Zirkus.
30 Seneca zieht es vor, seine Gefühle lieber in ordentlicher als in armseliger Kleidung zum Ausdruck zu bringen.
31 Die Gestalt des Sokrates (469–399 v. Chr.) beherrscht den Schluss der Abhandlung. Seneca leiht sich gewissermaßen die Autorität und die Stimme des Erzphilosophen, um mit dieser Fiktion die Eindringlichkeit seiner Worte bis zum Schluss seiner Abhandlung zu erhöhen. Dass die Grenzen zwischen Sokrates und Seneca verschwimmen, will der Autor nicht verhindern, sodass er auch Anachronismen zulässt, wenn er Sokrates neben Platon und Aristoteles sogar Epikur erwähnen lässt (28, 5).
32 Der römische Gott Liber wurde dem griechischen Gott Dionysos oder Bakchos gleichgesetzt. Er wurde als Gott des Weins verehrt. Es wurde erzählt, dass er weite Reisen unternahm.
33 Auf Tragegestellen wurden nicht nur materielle Beutestücke, sondern auch prominente Gefangene im Triumphzug des Siegers mitgeführt.
34 Für die hier angedeuteten Vorstellungen von den Göttern sind vor allem die Dichter Homer und Hesiod verantwortlich. In Rom überliefert Ovid in seinen Metamorphosen vergleichbar bizarre Gottesvorstellungen.
35 Die Aufforderung *favete linguis* war seit alter Zeit bei religiösen Handlungen in Rom üblich: Cicero, De divinatione 1, 102; 2, 83. Horaz, Carmina 3, 1, 2.
36 Mit der Rassel wurde im Isis-Kult Lärm erzeugt.
37 Im Kult der Göttin Kybele ritzten sich die Gläubigen die Oberarme auf und opferten der Göttin ihr Blut.
38 In seiner Komödie „Die Wolken" (429 v. Chr.) machte sich Aristophanes über Sokrates lustig.
39 Nach stoischer Lehre soll man versuchen, die Dinge, die man meiden, von denen zu unterscheiden, die man erstreben muss. Es ist also nicht vertretbar, *dieselben* Dinge zu meiden *und* zu erstreben.
40 Die fingierte Kerker-Rede des Sokrates bricht an dieser Stelle überraschend ab, sodass man annehmen kann, dass der Schluss der Schrift verloren gegangen ist.

TEXTGRUNDLAGE

Die Übersetzung basiert auf L. Annaei Senecae Dialogorum libri XII, hg. von L. D. Reynolds, Oxford 1977. Zum Vergleich wurde herangezogen: Sénèque, Dialogues II: De la vie heureuse etc., hg. von A. Bourgery, Paris ⁵1962.

Die sehr sinnvollen Änderungen, die Fritz-Heiner Mutschler für seine zweisprachige Ausgabe (Stuttgart 1990) an Reynolds Text vorgenommen hat, wurden übernommen.

Die Schreibweise wurde angepasst: z. B. vita statt uita, die Interpunktion wurde mehrfach verstärkt und das Semikolon häufig gegen einen Punkt ausgetauscht. Mitunter wurde auch zur besseren Lesbarkeit die Einteilung des Textes in Absätze verändert.

LITERATURHINWEISE

Textausgaben

L. Annaei Senecae Opera quae supersunt I 1: Dialogorum libri XII, hg. von E. Hermes, Leipzig 1905.
L. Annaei Senecae Dialogorum libri XII, hg. von L. D. Reynolds, Oxford 1977.
Sénéque, Dialogues II: De la vie heureuse etc., hg. von A. Bourgery, Paris ⁵1962.

Übersetzungen

L. Annaeus Seneca: Philosophische Schriften. Lateinisch und Deutsch. Bd. 2, übersetzt und herausgegeben von M. Rosenbach, Darmstadt 1971.
L. Annaeus Seneca: De vita beata. Vom glücklichen Leben. Lateinisch/Deutsch, übersetzt und herausgegeben von F.-H. Mutschler, Stuttgart 1990.

Sekundärliteratur

K. Abel: Bauformen in Senecas Dialogen, Heidelberg 1967.
K. Abel: Seneca – Leben und Leistung, in: Aufstieg und Niedergang der römischen Welt (ANRW) II 32, 2, Berlin/New York 1985, 653–775.
J.-W. Beck: Aliter loqueris, aliter vivis. Senecas philosophischer Anspruch und seine biographische Realität, Göttingen 2010.

R. Chaumartin: Les désillusions de Sénèque devant l'évolution de la politique néronienne et l'aspiration à la retraite: Le ‚De vita beata' et le ‚De beneficiis', in: Aufstieg und Niedergang der römischen Welt (ANRW) II 36, 3, Berlin/New York 1989, 1686–1723.

H. Dahlmann: Bemerkungen zu Seneca, De vita beata, Mainz 1972.

J. G. Fitch: Seneca, Oxford 2008.

M. Fuhrmann: Seneca und Nero. Eine Biographie, Berlin 1997.

M. T. Griffin: Seneca – A Philosopher in Politics, Oxford 1976.

P. Grimal: Seneca – Macht und Ohnmacht des Geistes, Darmstadt 1998.

G. Kuen: Philosophie als „dux vitae". Die Verknüpfung von Gehalt, Intention und Darstellungsweise im philosophischen Werk Senecas am Beispiel des Dialogs ‚De vita beata'. Einleitung, Wortkommentar und systematische Darstellung, Heidelberg 1994.

I. Lana: Lucio Anneo Seneca, Turin 1955.

G. Maurach (Hg.): Seneca als Philosoph, Darmstadt ²1987.

G. Maurach: Seneca – Leben und Werk, Darmstadt ²1996.

M. Rozelaar: Seneca – Eine Gesamtdarstellung, Amsterdam 1976.

V. Sørensen: Seneca. Ein Humanist an Neros Hof, München 1984.

R. Waltz: Vie de Sénèque, Paris 1909.